일독

일독

독서 습관을 기르는 슈퍼 리딩

日讀

이지성 · 스토리베리 지음

차이
정원

등장인물

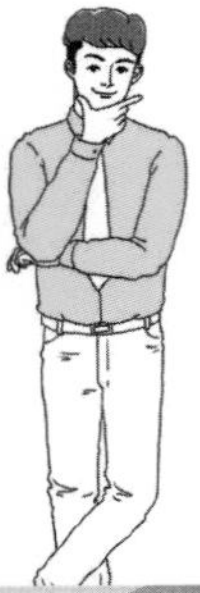

고현성

/

패션회사 마케팅팀 대리. 아무 생각 없이 일을 하다가 기획팀에서 마케팅팀으로 좌천당했다. 책은 냄비 받침으로만 사용하다가 몰락을 경험한 후 친구 명훈에게 책을 통해 인생을 바꿔보라는 조언을 듣는다. 독서 멘토 미옥과 지후를 만난 후 적극적으로 독서를 시작하며 인생을 변화시켜 간다.

윤명훈

/

현성의 친구. 신문 기자로 굉장한 독서가다. 늘 현성에게 책을 읽으라고 구박하는 유일한 인물. 현성에게 독서 멘토인 미옥을 소개한다.

유하영

/

명훈의 소개로 현성을 만나 독서 메이트가 된다. 우연히 읽게 된 책으로 다이어트를 시작하면서 몸과 함께 내면의 변화를 느꼈다. 독서의 중요성을 깨닫자 몸뿐만 아니라 정신까지 변화시키고 싶다는 생각을 하고 현성과 함께 본격적인 독서를 시작한다.

추미옥

/

현성의 첫 번째 독서 멘토. 중학생 때 가출해서 스무 살이 될 때까지 여기저기 떠돌다가 우연히 친구가 권한 책을 읽고 인생을 다시 시작하게 되었다. 검정고시를 보고 미용기술을 익혀 스물두 살에 헤어 디자이너가 되었다. 현재 유명 연예인들도 찾아올 만큼 성공적인 헤어숍을 운영하고 있다. 현성에게 누나 같은 존재.

이지후

/

현성의 두 번째 독서 멘토. 빈민가 생활을 하며 15년 가까이 무명 작가로 지냈지만 현재는 미국, 일본, 대만 등에 책이 번역 출간되는 베스트셀러 작가다. 현성에게 성공한 10명의 CEO들을 만나 인터뷰하라는 미션을 부여하며 그를 진정한 독서의 길로 안내한다.

문준식

/

현성이 처음으로 직접 인터뷰한 CEO이자 저자. 대학 졸업 후 입사한 대기업에서 최단 기간에 최연소 임원 승진을 이루었으나 억대 연봉 자리를 내놓고 벤처 기업에 새로 도전한다. 사업을 시작한 지 7년 만에 일곱 배의 매출 성장을 이룬다.

차례

1부 인생을 바꾸는 일독

2부 100권 독서로 최고 전문가로 거듭나다

3부 자신만의 전설을 써내려가다

프롤로그

• • •

왜 하필 나에게 이런 일이

회의실은 환하게 불이 밝혀 있었지만 깊은 어둠에 사로잡힌 것처럼 보였다. 현성은 김 팀장의 얼굴을 슬쩍 훔쳐봤다. 오른쪽 눈썹이 부자연스럽게 위로 올라가 있었다. 기분이 좋지 않다는 신호였다. 나쁜 예감이 들었다.

"이번 프로젝트에서 자네는 제외야."

한 치도 에두르지 않고 단박에 본론을 꺼내는 통에 현성은 잠시 멍해졌다.

"무슨……문제라도 있습니까?"

"문제?"

김 팀장이 현성을 쳐다보았다. 오른쪽 눈썹의 각도가 조금 전보다 더 크게 벌어졌다.

“자네의 기획안보다 이필립 대리의 기획안이 탁월하게 뛰어난 게 문제라면 문제겠지. 자네 입사 몇 년 차인가?”

“5년입니다.”

“자기 분야에서 프로가 되기엔 충분한 시간이군.”

낮고 조용했지만 서릿발보다 매서운 목소리였다.

“다음 달에 마케팅팀으로 이동이 있을 걸세. 적응하면 살아남을 것이고 아니면 사표를 써야겠지. 자네가 기획실에 맞지 않을 수도 있다는 판단 아래 기회를 한 번 더 주는 쪽으로 결정이 났으니 최선을 다해주길 바라네. 곧 신임 사장이 온다는 사실은 알고 있지? 회사에도 대대적인 이노베이션이 있을 거야. 부서 이동은 자네를 위한 나의 마지막 배려일세.”

김 팀장은 돌아서서 회의실을 나갔다. 시한부 인생을 선고받은 기분이었다. 마음속에서 거친 혼란의 소용돌이가 일면서 눈앞이 아득해졌다. 콰광콰광! 하늘이 무너지는 소리가 들렸다. 거센 바람과 함께 장대비가 쏟아지기 시작했다.

이대로 집에 돌아갈 마음이 들지 않았다. 발길이 저절로 단골 막걸릿집으로 향했다. 언제나 북적이던 가게는 궂은 날씨 때문인지 앉아 있는 손님 수보다 비어 있는 테이블 수가 더 많았다.

“오늘은 왜 혼자여? 신상인가 신형인가 하는 애인은 우짜고?”

대학 때부터 알고 지낸 주인 할머니가 물었다.

"이따가 올 거예요."

말은 그렇게 했지만 신형과는 몇 주 전부터 연락이 잘 닿지 않았다. 최근 석 달 동안 만난 날도 손에 꼽을 정도였다.

"퍼뜩 가라. 손님도 없으니 내도 그냥 문 닫을란다."

"왜 손님이 없어요. 저는 손님 아니에요?"

"지랄하고 자빠졌네. 빙구 같은 놈이 터진 입으로는 뭔 말을 못하노. 니는 손님 아이다. 손님 되고 싶으마 니 핵교 다닐 때 진 외상빚이나 갚아라."

할머니의 거친 입담에도 현성은 그러려니 했다. 지금까지 먹은 욕을 돈으로 환산할 수 있다면 글로벌 갑부가 되고도 남았을 것이다. '마지막으로 딱 한 병만!' 더 마시겠다고 우겼지만 결국 잔에 채워진 술을 비운 후에 쫓겨나다시피 나올 수밖에 없었다. 다행히 빗줄기는 조금 약해져 있었다.

'내일이면 소문이 다 돌겠지.'

깊은 한숨이 나왔다. 회사에서 인사 이동은 흔한 일이라 해도 원하는 부서가 아닌 곳으로 발령받는다는 사실은 충분히 괴로웠다.

"확 사표를 써버려?"

호기롭게 말한 것과 다르게 고개는 아래로 툭, 떨어졌다. 비 내리는 거리 위로 길고 어두운 밤이 펼쳐지고 있었다.

* * *

악재는 겹쳐서 온다더니 아버지가 운영하던 사업체가 누적된 적자를 감당하지 못하고 문을 닫았다. 직원들의 밀린 월급을 주고 빚을 갚으려면 집을 팔고 이사를 할 수밖에 없었다. 이삿짐을 싸느라 여기저기 펼쳐진 물건들로 인해 방 안은 어수선했다. 한창 짐을 싸던 현성은 상자에서 나온 물건을 보다가 그만 방바닥에 주저앉았다. 사귄 지 100일째 되던 날에 하나씩 갖고 있자며 신형이 사준 인형이었다.

한 달 전, 신형은 일방적으로 이별을 통고해왔다. 그녀의 성격상 한번 내린 결정을 번복하진 않을 터였다. 머리로는 이별을 받아들이고 정리해야 한다고 생각하면서도 신형을 떠올리면 심장 한쪽이 바늘로 콕콕 찔리는 것 같았다. 고등학교 친구인 명훈에게 만나자는 전화가 온 것은 그때였다. 머리도 식힐 겸 토요일 오후에 약속을 잡았다.

약속 장소로 정한 카페에 도착하자 명훈이 기다리고 있었다. 어깨를 툭 치고 자리에 앉았다. 명훈은 싱긋 웃으며 읽고 있던 책을 들어 보였다.

"누구 책이야?"

"독서 경영으로 이름을 떨친 경영인. 자서전인데 곳곳에 인사이트가 넘쳐나."

고등학교 1학년 때 같은 반이었던 명훈은 지금까지 15년이 넘도록 줄기차게 책을 권하는 유일한 친구였다. 그러나 현성은 매번 손사래를 쳤다. 예전에도 책을 읽을 생각이 없었는데 이런 상황에서 책이라니, 생각만 해도 머리가 지끈거렸다.

"그놈의 책, 지겹지도 않냐? 보기만 해도 질린다. 하여튼 특이한 놈이에요."

"책 안 읽는 네가 이상한 놈이지. 그러면서도 회사 생활하는 거 보면 용하다, 용해."

"책 좀 안 읽는다고 인생이 어떻게 되겠냐? 그나저나 무슨 일이야? 꼭 보자고 한 이유가."

"영만 선배 알지?"

"영만 선배? 황영만?"

고등학교 10년 선배인 영만은 동문회에선 오래전부터 전설적인 존재였다. 처음에는 작은 중소기업에 입사했지만 이내 국내 굴지의 대기업으로 스카우트되어 고액의 연봉을 받을 정도로 성공했기에 직장인 후배들에겐 동경의 대상이었다. 그러나 최근 들리는 소문에 의하면 5년 전쯤 정리해고 당한 뒤 연이은 사업 실패로 폐인처럼 지낸다고 했다.

"한 달째 실종이야. 아니, 정확히 말하면 실종이라기보다 가출이

려나. 2주 전쯤 영만 선배 형수한테 부탁받았다. 어떻게든 좀 찾아 달라고. 인생 참 알 수 없는 일이라더니……영만 선배를 생각하면 진짜 위기의식 느낀다. 우리라고 언제까지 지금 같겠냐? 정리해고건 좌천이건 명예퇴직이건 언제 상황이 변할지 모르잖아. 그 생각을 하면 자다가도 눈이 벌떡 떠져. 누구라도 당할 수 있는 일인데 나라고 피해갈 수 있을까 싶어서."

그건 명훈이 아니라 바로 자신의 일이라는 생각에 현성은 한숨을 내쉬었다. 현성이 영만 선배 때문에 한숨을 쉰다고 생각했는지 명훈이 말을 이었다.

"사실 같이 좀 갔으면 해서 만나자고 했어. 만약의 경우 도울 사람이 필요할 것 같아서."

"찾긴 찾았냐?"

"어디 있는지는 알아냈지. 기자라는 직업이 이럴 땐 참 편리하거든."

명훈이 데려간 곳은 실내경마장이었다. 안으로 들어서자 시끄러운 소리가 귀를 찔렀다. 이제 막 레이스가 끝났는지 사람들이 저마다 소리를 질러대고 있었다. 거대한 화면을 제외하면 사방이 어두컴컴했고 좌석 곳곳에서 터져 나오는 욕설, 탄성, 함성 때문에 귀가 먹먹했다.

실내를 둘러보던 명훈이 성큼성큼 걷기 시작했다. 현성은 미간을 잔뜩 찡그리고는 명훈의 등을 보며 묵묵히 걸었다. 명훈이 갑자기 걸음을 멈췄다.

"왜 그래? 찾았어?"

고개를 들던 현성의 시선이 누군가에게 멈춘 채 얼어붙었다. 의자 등받이에 비스듬히 기대앉아 허공을 보는 영만은 그저 빈껍데기에 불과했다. 영만은 자리에서 일어설 생각조차 없는 것 같았다. 명훈이 그에게 다가갔다. 그제야 그의 눈이 명훈에게로 그리고 현성에게로 움직였다. 영만의 얼굴이 일그러졌다. 그를 알게 된 이후 한 번도 본 적 없는 표정이었다.

세 사람의 발걸음이 자연스럽게 술집으로 향했다. 영만은 공허한 눈으로 술잔만 비웠다. 새로운 사업을 구상 중이라고 했다. 그동안 자신을 무시하던 작자들에게 한 방 먹일 재기를 노리고 있다고도 했다. 실리콘밸리, 스타트 업, 4차 산업 등의 단어가 영만의 입에서 줄줄줄 나왔지만 모두 공허하게만 들렸다. 술집에서 나온 영만은 몸을 가누지 못하고 비틀거렸다. 가로수 아래 토악질을 해대면서도 허세 가득하게 소리쳤다.

"나 아직 안 죽었어……. 내가 누군지 알아? 나, 천하의 황영만이야!!!"

* * *

며칠 후, 명훈을 다시 만난 현성은 영만에 대한 성토부터 시작했다. 그만큼 영만의 모습은 충격적이었다. 현성의 몸 안에 각인될 만큼 잔영이 길게 남았다. 술에 취해 절망적으로 외치던 영만의 목소리가 들리는 것 같아 몸을 흠칫 떨었다.

"도대체 선배는 왜 자기 인생을 그 지경으로 만든 거야. 그거밖에 안 되는 인간이었어? 더 잘될 수도 있었잖아. 꼴이 그게 뭐냐고."

현성은 괜스레 영만을 트집 잡았다. 영만을 떠올릴 때마다 화가 났다. 연민을 느끼면서도 가슴 깊은 곳에서 분노가 솟구쳤다. 한때 동경했던 사람의 몰락을 목도했기 때문만은 아니었다. 길게 이어지는 현성의 말을 가만히 듣던 명훈이 차분한 목소리로 말했다.

"누군가에게 보통 감정 이상의 반감을 느낄 땐 자신의 부정적인 면을 그 사람에게서 보기 때문이지. 자신의 싫은 점을 상대방이 너무나 정확하게 보여주는, 일종의 '거울 효과'라고나 할까."

현성은 정곡을 찔린 기분이 들었다. 그제야 들끓던 마음이 천천히 가라앉았다. 자신이 영만에게 느꼈던 감정은 분노라기보다 '두려움'이었다. 한숨을 깊게 내쉰 후 그동안 자신에게 있었던 일을 명훈에게 다 털어놓았다. 그리고 이야기 끝에 정말로 인생을 변화시키고 싶다고 털어놓았다.

"솔직히 나라고 그렇게 되지 않는다는 보장이 있나 싶더라."

"진짜 인생을 변화시키고 싶냐?"

"그래. 영만 선배를 보니까 정신이 확 들더라니까."

"방법이 있긴 한데. 해볼래?"

"정말? 그게 뭔데?"

"독서."

"독서?"

현성은 소처럼 눈만 껌벅였다. 이해할 수가 없었다. 인생의 변화를 일으키는 황금 솔루션이 '고작' 독서라니, 생전 듣도 보도 못한 말이었다. 그러나 명훈이 장난으로 하는 말 같지는 않았다. 아니 장난으로 입에 올리기엔 명훈이 '독서'를 너무 사랑했다.

"네가 원하는 그 모든 것이 독서에 달려 있다면 어떻게 할래?"

"독서 말고 다른 방법은 없냐?"

"평생 텔레비전 예능 프로나 보면 인생이 바뀔 것 같냐?"

"아니."

"평생 휴대전화 게임에 몰두하면 인생이 바뀔 것 같냐?"

"아니."

"그럼 책을 읽어도 네 인생이 절대 변할 것 같지 않냐?"

현성은 선뜻 "아니"라는 말을 하지 못하고 테이블이 부서져라 한숨만 내쉬었다.

“다른 회사로 이직할까?”

“그럴 능력은 있냐?”

“없지.”

“오라는 데는 있냐?”

“없지.”

“그럼 회사를 계속 다니려면 독서를 해야겠네.”

현성은 이번엔 바닥이 꺼져라 한숨을 내쉬었다. 하지만 명훈이 이렇게까지 확신을 가지고 말하는 데는 분명히 이유가 있을 거라는 생각이 들었다. 물에 빠진 사람이 지푸라기라도 잡는 심정으로 물었다.

“책을 읽는다고 해도 어디서부터 어떻게 시작할지 막막해. 뭘 읽어야 할지도 모르겠고. 그런데 대체 독서가 왜 그렇게까지 중요한 거냐?”

“인생을 변화시키기 위한 ‘선택 조건’이 아니라 ‘필수 조건’이니까.”

명훈은 조금 전과 똑같이 명쾌한 어조로 대답했다.

“너도 알다시피 내가 책하고는 담을 쌓은 지 오래됐잖아. 1년에 한 권도 잘 안 읽는다고. 그러니 어떻게 하면 책을 통해 인생을 변화시킬 수 있는지 비결 좀 물어보자.”

“걱정 마. 독서 고수가 있어. 처음엔 그냥 그 사람이 하라는 대로 하면 돼."

"독서 고수? 누군데? 네가 아는 사람이야? 어떤 사람인데?"

"하하하. 만나보면 알아. 헤어숍 원장님. 좀 독특하긴 하지만."

"헤어숍 원장님? 그런데 진짜 독서 고수 맞아?"

명훈은 쉴 새 없이 다급하게 물어보는 현성에게 싱긋 웃으며 말했다.

"책은 읽어보면 알고 사람은 만나보면 아는 법이지."

…1부…

인생을 바꾸는 일독

언제까지 이럴 순 없어!

노을 진 하늘이 핏빛으로 물드는가 싶더니 어느새 검푸른 저녁 어스름이 도시의 빌딩 사이로 내려앉았다.

현성은 모두 퇴근한 사무실에서 불도 켜지 않고 차가운 유리창에 이마를 댄 채 창밖을 바라보았다. 빨간 미등을 켜고 꼬리에 꼬리를 무는 차들은 피리 부는 소년을 따라가는 쥐들의 행렬처럼 보였다.

'저 많은 차들은 다 어디로 가는 걸까?'

한동안 물끄러미 어두운 거리를 바라보다가 고개를 돌려 여전히 낯선 사무실 안을 둘러보았다. 정식으로 마케팅팀에 출근한 지 한 달이 지났다. 예전 기획팀의 팀원들과 마주치기라도 하면 어색한 웃음을 지으며 인사하는 것에는 익숙해졌지만 자신과 라이벌 관계였던 이필립 대리와는 여전히 서먹하기만 했다.

필립은 현성의 마음을 아는지 모르는지 마주칠 때마다 큰 소리로 반갑게 인사했다. 현성은 타인의 처지는 아랑곳하지 않는 필립의 자기중심적이고 무례한 태도가 싫었다. 필립 때문에 자신이 마케팅팀으로 쫓겨났다는 피해의식 때문이라고 해도 좋았다. 마치 고현성이라는 인간은 안중에도 없다는 듯 당당한 태도가 심기를 거스를 뿐이었다.

무엇보다 싫었던 것은 필립 특유의 '오버'였다. 그의 과장된 말투, 지나치게 큰 웃음소리, 꾸민 듯한 친화력, 눈에 띄게 화려한 넥타이, 말하자면 하나부터 열까지 전부 싫었다. 누군가 '필'이라는 말만 꺼내도 저절로 눈살이 찌푸려졌다. 살면서 누군가를 이렇게 '열렬하게' 싫어하게 될 줄은 자신도 몰랐다.

'어차피 난 이런 인간이야. 어쩔 건데.'

자조적인 웃음을 지으며 입술을 일그러뜨렸지만 뒷맛은 썼다. 자신은 모차르트를 질투했던 살리에르가 아니라고 아무리 다짐해도 자신이 '못난 놈'인 것만 같았다.

마케팅팀의 일은 지금까지 해오던 일과는 전혀 달랐다. 처음부터 새로 배워야 할 일이 산더미처럼 많았다. 오늘도 혼자 남아 야근을 하는 중이었다. 대략적인 흐름이나 업계 용어는 알고 있었지만 기획팀에서 덜떨어진 놈을 보냈다는 소리를 듣기는 죽기보다 싫었다.

여기서 못 버티면 사표를 쓰고 만다는 오기도 생겼다.

하지만 일은 오기만으로 되는 것이 아니었다. 시간이 지날수록 초조해졌다. 소소한 실수를 할 때마다 팀원들이나 팀장의 눈길을 견디기 어려웠다. 현성의 입장에서는 좌천당한 것과 마찬가지였지만 팀원들 입장에선 현성이 굴러들어온 돌과 같았다. 그들이 겉으로는 반겨주었지만 내심 어떻게 견제를 하고 있을지 모를 일이었다.

일명 '마순신'이라고 불리는 마오성 마케팅팀 팀장은 강력한 카리스마는 물론 탁월한 추진력을 지니고 있었다. 보잘것없는 팀원도 마 팀장과 함께 일하면 일당백으로 거듭난다는 말이 사내에 전설처럼 돌고 있었다. 5년 전에 회사가 위기에 처했을 때 "저희에게는 아직 다섯 명의 마케팅 팀원이 있습니다"라고 말했다는 일화는 영화의 한 장면처럼 전해지고 있었다. 기획팀 팀장도 내로라할 정도로 강성이었지만 마 팀장에 비하면 유하다는 평가를 들을 정도였다.

'그래서 나를 여기로 보낸 걸까?'

현성은 자신도 모르게 한숨을 내쉬었다. 최근 한숨을 쉬는 게 습관이 되어버렸다. 그동안 내쉰 한숨으로 길을 만들면 지구에서 달까지 왕복을 하고도 남았을 것이다.

회사 사정이 예전과 다르게 돌아가고 있는 것은 확실했다. 이번에도 성과를 못 내거나 안이한 태도를 보였다간 그야말로 퇴출당할 위험이 높았다. 게다가 신임 사장이 온다는 소문도 돌았다. 그때가 되면 다시 한 번 구조조정의 피바람이 불지도 모를 일이었다. 어쨌든 지금은 가족을 생각해서라도 어떻게든 버텨야 했다.

명훈은 진정한 변화와 성장을 원한다면 독서가 필수라고 했다. 그러나 아직까지 실감이 나지 않았다. 지금 자신이 처한 상황 속에서 편하게 책이나 읽는 게 가당키나 한 일인지 혼란스러웠다. 괜히 시간만 낭비하는 것은 아닌지, 설령 독서가 인생을 변화시키는 요인이라고 해도 자신에게 맞는 방법일지 확신이 서지 않았다.

답답한 마음에 다시 창밖을 내다보았다. 창문 밖으로 풍경을 볼 수 있다는 사실이 새삼 새로웠다. 컴컴한 어둠 속에 혼자 서 있으려니 이사하던 날이 생각났다.

아버지의 사업이 부도를 맞고 집이 경매로 넘어가면서 새로 옮긴 집은 오래되고 낡은 연립주택의 반지하였다. 전철역에서 마을버스를 타고 가서도 한참을 걸어야 했다. 최소한의 짐만 챙긴다고 했는데도 새로 이사한 집은 턱없이 좁아 가져간 짐을 모두 풀지 못했다. 결국 절반 이상의 이삿짐 상자를 한쪽 벽에 쌓아둘 수밖에 없었다.

한여름날의 이사는 고역 그 자체였다. 에어컨도 없는 좁은 집에서 짐 정리를 하느라 조금만 움직여도 땀이 비 오듯 흘렀다. 월세일망정 얼마 되지 않는 보증금으로 부엌과 거실이 있는 방 두 개짜리 집을 얻은 것은 모두 어머니가 부지런히 발품을 판 덕분이었다. 조금 큰 방은 어머니와 여동생 현지가 쓰고 자신은 부엌 옆에 딸린 작은 방을 썼다. 그래도 이게 어디냐며 가족이 헤어지지 않고 함께 등 붙일 곳을 찾아서 다행이라며 방을 몇 번이나 쓸고 닦는 어머니의 뒷모습에 코끝이 시큰했다.

현지는 대학은 자신이 알아서 다니겠노라고 말했다. 학비는 학자금 대출을 받고 생활비는 아르바이트로 충당하겠다는 것이었다. 하지만 현성은 쓸데없는 소리 말고 공부나 하라며 큰소리를 쳤다. 대학만큼은 자신이 아버지 대신 무사히 졸업시키고 싶었다.

아버지는 빚쟁이들을 피해 지방 어딘가로 내려간 후 연락이 끊긴 상태였다. 휴대전화도 없어 소식을 알 길이 없었다. 내색은 하지 않아도 어머니는 아버지 생각에 몰래 눈물을 훔치며 속앓이를 심하게 할 터였다.

빚에 대한 압박감은 컸다. 다달이 원금과 이자를 갚고, 어머니에게 생활비를 드리고, 현지의 다음 학기 학비를 저축하려면 월급과 보너스로는 빠듯했다. 허리띠를 더욱 졸라매야 했다.

'차라리 헤어진 게 다행인가…….'

현성은 씁쓸하게 웃었다. 적어도 데이트 비용이 들어갈 일은 없어졌으니까. 그녀를 생각하면 여전히 마음이 아팠다. 시작은 그렇게 어려웠는데 끝은 허망할 정도로 쉬웠다. 자신을 정말 좋아하기는 했는지, 엄청나게 쫓아다니는 남자를 그냥 한번 만나준 것이었는지, 또 다른 애인이 있었던 것은 아니었는지, 의심을 하자면 끝이 없었다.

'됐다. 인간 고현성. 이 덜떨어진 놈아. 정신 차리자. 언제까지 이럴 테냐.'

현성은 퇴근 준비를 했다. 명훈이 소개한 독서 고수를 만나러 갈 시간이었다.

진정 변하고 싶다면

‘추미옥. 도대체 누구지?’

명훈의 설명으로는 취재를 하면서 알게 된 사람이라고 했다. 중학생 때 가출해서 스무 살이 될 때까지 여기저기 떠돌다가 우연히 친구가 권한 책을 읽고는 인생을 다시 시작한 사람이었다. 검정고시를 보고 미용기술을 익혀 스물두 살에 헤어 디자이너가 되었는데, 지금은 유명 연예인들도 찾아올 만큼 유명한 헤어숍을 운영하고 있다고 했다. 명훈은 궁금한 건 직접 만나 물어보라고 했다. 자신이 너무 많은 정보를 주면 오히려 선입견을 가지게 된다는 것이 말을 아끼는 이유라고 덧붙였다.

하지만 어떤 사람일지 도무지 감이 오지 않았다. 일부러 꾸민 게 아닌가 싶을 만큼 인생이 지나치게 드라마틱하다는 생각도 들었다. 애초에 우연히 친구가 권한 한 권의 책으로 인생을 다시 시작했다니, 과장이 심해도 너무 심한 게 아닌가 싶었다. 그런 책이 있다면 왜 세상 모든 사람들이 그 책을 읽고 인생을 극적으로 변화시키지 않는단 말인가.

명훈이 소개하는 사람이니 믿을 만하다고 생각하면서도 여전히 반신반의할 수밖에 없었다. 사실 크게 기대하는 것도 아니었다. 정말로 인생을 변화시켰다면 책이 아니라 다른 무언가가 있는 게 틀림없었다.

'어쨌든 만나보면 알겠지. 내가 지금 찬밥 더운밥 가릴 때냐. 죽기 아니면 책 읽기라도 해보는 거지.'

명훈이 그려준 약도를 따라 청담역 근처에 있다는 헤어숍, '루미'의 간판을 찾기 시작했다. 조용한 골목 안으로 들어서자 단아한 주택 건물이 보였다. 멋진 캘리그래피로 쓰인 루미라는 글자는 헤어숍 간판이라기보다 갤러리 입구처럼 보였다. 미리 문자로 연락을 하긴 했지만 문을 열고 들어가기 전에 전화를 걸었다.

"네. 윤명훈 기자 소개로 연락드린 고현성이라고 합니다. 지금 헤어숍 앞인데요. 들어가도 될까요? 아, 네. 알겠습니다."

헤어숍 문을 열고 안으로 들어서자 세련된 인테리어가 먼저 눈에 들어왔다. 절제된 컬러와 군더더기 없이 깔끔하면서도 포인트가 확실한 내부는 주인의 안목이 보통이 아님을 보여주는 듯했다. 한 여성이 먼저 인사를 해왔다.

"안녕하세요, 고현성 씨? 제가 추미옥입니다."

검은 스웨터에 청바지, 귓가에 찰랑이는 단발, 동그란 뿔테 안경이 무척 잘 어울렸다. 자신만의 스타일이 분명한 타입 같았다. 30대 후반이라고 들었는데 언뜻 보면 20대 초반이라고 해도 믿을 정도로 나이를 가늠하기 어려웠다.

상상했던 것과는 사뭇 다른 모습이었다. 엄청나게 유명한 헤어숍 원장이라고 했는데 거만하지도 않았고 사람을 많이 탄 듯 닳은 모습도 아니었다. 한마디로 미옥은 '산뜻'했다. 독서 고수라기에 좀 더 고루할 것이라는 선입견을 갖고 있었는데 보기 좋게 한 방 먹은 듯한 기분마저 들었다. 미옥은 싱글싱글 웃으며 이야기를 끌어나갔다.

"윤 기자님한테 이야기 들었어요. 독서에 대해 궁금해 하신다고요?"

"네. 어떻게 해야 독서를 잘할 수 있을지 원장님께 여쭤보라고 하더군요."

"하하하, 윤 기자님도 참, 가끔 난처한 부탁을 한다니까요."

붙임성 있고 시원시원한 말투였다. 현성은 속으로 다행이라고 생각했다. 혹시나 까다롭고 소심한 성격이면 어쩌나 내심 걱정했던 것이다.

"독서에 대해 뭐가 궁금하세요? 제가 뭘 도와드리면 좋을까요?"

"그러니까……그게 저……."

막상 물어보려니 무엇부터 시작해야 할지 난감했다. 평소 조금이라도 책을 읽었더라면 궁금한 것이 많았을 테지만 너무 아는 것이 없었다. 아는 것이 없다 보니 무엇을 질문해야 할지 감이 잡히지 않았다.

"제가 이때껏 책을 심하게 안 읽고 살았거든요."

"하하하하하. 저랑 똑같네요. 저도 그랬어요."

미옥이 호탕하게 웃었다. 미옥의 웃음에 현성도 긴장이 조금 풀리는 기분이 들었다.

"독서 고수라고 들었는데 저랑 똑같다니요, 설마 아니시죠?"

"처음엔 저도 그랬어요. 책은 냄비 받침으로나 쓰는 거라고 생각했죠."

"……제가 지금 딱 그래요."

"모기 잡을 때 특히 좋고요."

"네! 특히 하드커버가 제격이죠."

미옥이 다시 한 번 웃음을 터뜨렸다. 사람을 기분 좋게 만드는 천진난만한 웃음이었다. 긴장이 풀리자 자연스럽게 말이 나왔다.

"그런데 언제부터 책을 읽으셨어요? 명훈이 말로는 굉장한 독서 고수시라던데."

"저야 겨우 초보 딱지를 뗀 정도죠. 진짜 독서 고수는 따로 있어요."

"진짜 독서 고수요?"

"네. 제 스승님이오. 제게 독서의 모든 것을 가르쳐주신 분이죠."

독서 고수의 스승이라니, 상상도 되지 않았다. 미옥의 스승이라는 사람이 궁금했지만 지금은 미옥에게 배우는 것이 우선이었다.

현성과 미옥은 마치 오래 알고 지낸 사이처럼 허물없이 대화를 나누기 시작했다. 미옥의 이야기에는 자신만의 인생 경험이 녹아 있었다. 그녀의 이야기를 듣고 있노라면 이 사람은 진짜로 자기 인생을 살고 있다는 느낌이 들었다.

현성은 어느새 미옥을 신뢰하고 있는 자신을 발견했다. 그녀가 독서를 통해 인생을 변화시켰다면, 어쩌면 독서는 정말로 인생의 변화를 위한 선택 조건이 아니라 필수 조건일지도 몰랐다.

레드 퀸 효과

"혹시 '레드 퀸 효과'를 아세요? 아무리 애를 써도 앞으로 나아갈 수 없는 것을 가리키는 말이에요. 내려가고 있는 에스컬레이터에서 위로 올라가려고 빨리 뛰어도 어지간히 빠르지 않으면 제자리에 있을 수밖에 없는 것과 비슷한 현상이죠. 누구든 주변 환경과 같은 속도로 움직인다면 같은 장소에 머무를 수밖에 없어요. 《이상한 나라의 앨리스》로 유명한 루이스 캐럴의 또 다른 소설 《거울 나라의 앨리스》에 나오는 이야기예요. 레드 퀸은 이 소설에 등장하는 여왕인데 체스 판의 말 중 하나예요. 달리기의 명수죠. 아무리 달려도 한 발자국도 앞으로 나아가지 못하는 앨리스에게 이렇게 말해요. 제자리에 머물기 위해서는 온힘을 다해 뛰어야 한다. 다른 곳으로 가기 위해서는 지금보다 최소한 두 배는 빨라야 한다."

'레드 퀸 효과'에 대해 전혀 모르는 것은 아니었지만 '루이스 캐럴'이나 《거울 나라의 앨리스》는 금시초문이었다. 게다가 소설 속에 나오는 인물이나 구절은 말할 것도 없었다. 현성은 미동도 하지 않고 미옥의 이야기를 들었다.

"레드 퀸 효과는 주로 생물학에서 많이 쓰는 말이에요. 생물체가 살아남기 위해 진화를 거듭하지만 환경도 함께 변하기 때문에 결국은 제자리에 머무는 것 같은 현상이죠. 원래 치타는 지금처럼 빠른 동물이 아니었다고 해요. 가젤과 쫓고 쫓기는 관계가 되다 보니 서로가 필사적이 될 수밖에 없었던 거죠. 속도야말로 그들에겐 생존 조건이었으니까요."

"그렇게 2세대 3세대를 거쳐 내려오면서 형질이 유전되었을 테고요."

"맞아요. 이것을 '공진화Coevolution'라고 하죠."

"끊임없이 상호작용하면서 진화한다는 말이군요."

"단지 생태계에만 적용되는 이야기는 아니에요. 기업 환경에도 똑같이 적용될 수 있어요. 한 가지 기술의 개발은 또 다른 기술의 개발을 불러오고 기술이 진화를 거듭할수록 변화는 확장되니까요."

"기업 경영 역시 레드 퀸 효과의 관점에서 파악해야 한다는 거네요. 기업들이 긴 안목 없이 단기 경쟁에만 몰두하다 보면 결국은 제자리걸음에 머물고 말 테니까요."

"1세대 치타가 자신의 조건에 만족했다면 다음 세대의 치타는 굶어죽었을지도 몰라요. 생태계나 기업뿐만 아니라 치열한 경쟁을 하고 있는 개인도 마찬가지겠죠."

현성은 고개를 끄덕였다. 헤어숍이라는 장소와는 어울리지 않는 대화였지만 꼭 그렇지도 않다는 생각이 들었다. 미옥은 이야기를 나누는 상대가 누구든 자연스럽게 자신의 영역으로 끌어들여 몰입하게 만드는 재능이 있었다. 현성도 어느새 그녀가 이끄는 대로 대화에 빠져들고 있었다.

그러나 미옥이 갑자기 레드 퀸 이야기를 꺼낸 의도까지 파악한 것은 아니었다. 독서법 대신 기업 환경과 생태계 이야기를 하려는 것이 아님은 분명했지만 미옥이 말하고자 하는 핵심이 무엇인지 가늠하기는 어려웠다. 잠시 생각에 잠긴 현성에게 미옥이 질문을 던졌다.

"현성 씨 주변에는 뛰어난 동료가 많은가요?"

갑작스러운 질문이었다. 하지만 '뛰어난 동료'라는 말에 자연스레 필립이 떠올랐다. 분명히 그는 뛰어난 인재였다. 그를 동료라고 부를 수는 없었지만 말이다. 현재 마케팅팀에도 뛰어난 인재는 많았다. 지금 자신의 실력으로는 도무지 그들을 따라갈 수 없을 것만 같았다. 하지만 이 질문 또한 독서와 무슨 관계가 있는지 가늠하긴 어려웠다. 현성의 속마음을 읽은 듯 미옥이 이야기를 이어나갔다.

"왜 이런 이야기를 하는지 궁금하시죠? 책 이야기는 안 하고 난데없는 말만 해서요."

"솔직히……이야기의 맥을 잘 못 잡겠어요."

"주변의 뛰어난 동료들이 무엇을 읽고 있는지, 무엇을 하고 있는지, 한번 잘 살펴보세요. 레드 퀸의 말은 옳아요. 최소한 제자리를 지키기 위해서라도 열심히 뛰어야만 하죠. 다시 말해, 비슷한 경쟁에서 벗어나려면 열심히 뛰는 것만으로는 부족해요. 그러려면 두 배 이상의 노력이 필요하니까요."

"더 열심히 뛰기만 하면 될까요?"

미옥은 대답 대신 책 두 권을 내밀었다.

"처음 만난 사람에게 책을 선물하는 게 습관이라서요."

뜻밖의 선물이었지만 현성은 기꺼이 받았다. 책을 선물로 받는 것은 실로 오랜만이었다. 한 권은 독서 경영의 신화를 이룬 경영자의 책이었고(명훈이 보던 바로 그 책이었다!), 또 한 권은 독서로 성공한 사람들의 이야기를 엮은 책이었다.

"현성 씨 취향을 잘 몰라서 우선 부담 없이 읽을 수 있는 책으로 골랐어요."

미옥의 선택은 틀리지 않았다. 이 정도라면 현성도 읽을 수 있을 정도로 흥미를 끄는 책이었다.

어느새 11시가 훌쩍 넘어 있었다. 문을 닫는 시각인지 직원들이 분주하게 정리를 했다. 미옥이 자리에서 일어났다.

"오늘 만나 뵈서 반가웠어요. 시간이 늦었으니 적당한 날 다시 뵙죠. 이 책 두 권을 다 읽으면 그때 다시 연락주세요. 독서에 대한 이야기는 그날 길게 하고요. 오늘 수고 많으셨습니다. 감사합니다."

꾸벅 인사를 하는 미옥을 따라 얼떨결에 현성도 고개를 숙였다. 감사한 쪽은 오히려 자신이었다. 아무리 지인의 소개라고 해도 난생처음 보는 사람이 갑자기 쳐들어와서 독서법을 알려달라고 하면 난처할 수도 있을 것이다. 그런데도 미옥은 시종일관 겸손하고 친절했다.

'책을 읽어서 그런가?'

집으로 돌아가는 길에 선물로 받은 책을 가슴에 품었다. 좋은 느낌이 들었다. 왠지 이 책 두 권은 끝까지 읽을 수 있을 것 같았다. 조만간 미옥을 꼭 다시 만나고 싶었다.

'잠깐, 책을 다 읽으면 전화하라고 했지? 그럼 그전엔 만날 수 없다는 뜻인가?'

뛰다시피 걷던 걸음의 속도를 늦췄다. 처음 만난 사람인데도 너무나 쉽게 독서를 하게 만들다니, 역시 호락호락한 사람은 아니라는 생각이 들었다. 그런 점이 미옥에 대한 호감도를 더 높였다.

‘좋아! 까짓 거! 답을 구하려거든 미션부터 완수하라 이거지?’

늦췄던 발걸음에 속도를 내기 시작했다. 마지막 마을버스를 놓치지 않으려면 시간 안에 전철을 타야 했다. 전철역을 향해 뛰는 현성의 머리 위로 상쾌한 밤바람이 불었다. 현성의 마음에도 한 가닥 희망의 바람이 불어오는 듯했다.

나만 몰랐던 잘나가는 그들의 공통점

"고 대리, 지난번 말한 서류는 다 됐어?"

점심시간이 끝나자마자 유난희 대리가 물었다. 난희는 현성과 입사 동기였다. 뿐만 아니라 자신이 마케팅팀에 오기 꺼려했던 이유 중 하나이기도 했다. 난희는 필립과 함께 동기 중에서 제일 잘나가는 인물로 손꼽혔기에 비교당하기 싫었던 것이다. 그녀는 마케팅팀의 '꽃'과 같은 존재였다. 유일한 홍일점이기도 했지만 내로라하는 쟁쟁한 팀원들 사이에서도 단연 눈에 띄는 실력자였다.

'기획팀에선 필립에게 치이고 여기선 난희냐…….'

어쩐지 자신의 신세가 처량해 한숨이 났다. 기획팀이 정글이었다면 마케팅팀은 정글 중에도 야수들을 위한 정글 같았다. 업무량도 엄청났지만 마 팀장의 가차 없는 성과 평가는 강철심장으로 불리는 난희마저 화장실에서 남몰래 눈물을 닦게 할 정도였다. 자신은 아직 신입이나 마찬가지였지만 그것도 통하지 않을 한계 시점이 다가오고 있었다.

미옥을 만나던 날 늦게까지 남아서 정리해둔 서류를 난희에게 건네며 현성은 한숨을 돌렸다. 그날 하지 않았다면 깜박 잊을 뻔했던 서류였다. 기획팀에 있을 때는 이런 일이 있어도 넘어가곤 했지만 마케팅팀에서는 있을 수 없는 일이었다. 당장 마 팀장의 지옥 같은 불호령이 떨어질 게 뻔했다. 현성도 정신을 바짝 차리고 있을 수밖에 없었다.

"주변의 뛰어난 동료들이 무엇을 읽고 있는지, 무엇을 하고 있는지, 한번 잘 살펴보세요. 비슷한 경쟁에서 벗어나려면 열심히 뛰는 것만으로는 부족해요."

문득 미옥의 말이 떠올랐다.

"유 대리, 잠깐 시간 있어?"

"한 5분 정도. 왜?"

"좀 물어볼 게 있는데."

난희는 팀장의 자리를 힐끗 보았다. 마침 팀장은 임원 회의에 참석하느라 자리를 비운 상태였다. 최근 어찌된 일인지 회의에 참석하는 일이 부쩍 늘어난 것 같았다. 신임 사장이 부임하기 때문일 것이라고 뒤에서는 이런저런 소문이 돌았다.

"일은 좀 어때? 적응이 됐어?"

"그렇지 뭐. 아직은 따라가기도 벅차."

"금방 괜찮아질 거야."

고개를 끄덕이긴 했지만 난희의 말을 그대로 믿을 수는 없었다. 기획팀에서 쫓겨난 자신이 이곳에서 어떻게 살아남을 수 있을지, 생각하면 암담했다. 현재 마케팅팀에서 현성의 업무 실력은 엄밀히 말하면 1년 차보다 조금 나을까 말까 정도였다.

"물어볼 게 뭔데?"

"음……지금 상황에 대해 어떻게 생각해?"

"지금 상황? 우리 회사?"

"응. 그리고 마케팅팀의 앞날도."

"글쎄. 신임 사장이 오는 건 기정사실이고 앞으로 3년이 고비 아닐까? 이 바닥이 워낙 부침이 심하잖아. 우리가 주력으로 삼고 있던 여성복이 분화되어 영캐주얼까지 확대될 수도 있고. 하지만 내 생각엔 규모 자체를 키우기보단 전문화, 고급화로 갈 것 같아. 자금 압박이 있더라도 당분간 해외 영업 지점을 폐쇄하진 않을 거야. 밀라노, 파리, 런던, 뉴욕, 도쿄, 상하이에 부티크가 있다는 것만으로도 홍보 효과는 제법 크니까."

거침없는 난희의 말에 현성은 자신도 당연히 그렇게 생각한다는 듯 고개를 끄덕였다. 하지만 솔직히 말해 난희와 같은 수준의 예측을 하는 것은 무리였다. 현성은 지금까지 어떤 기획으로 신상품을 내놓느냐 하는 고민은 했지만 총체적 시각으로 회사 일을 생각해본 적은 없었다.

"물어볼 말은 그게 다야?"

"어? 응, 고마워."

고개를 살짝 끄덕이고 자리로 돌아가는 난희를 눈으로 좇았다. 묻고 싶은 말은 하나도 묻질 못했다. 지금 읽고 있는 책이 뭐냐고.

다음 날부터 난희를 유심히 관찰하기 시작했다. 일주일 정도 관찰한 결과는 이랬다. 출근하자마자 영자 신문을 포함해 여덟 개 신문 사이트를 훑는다. 인터넷 검색은 필수, 정치나 사회 면도 빠뜨리지 않고 보는 듯했다. 귀동냥으로 들은 바에 따르면 아무리 바빠도 한 달에 10권의 책은 꼭 읽는다고 했다. 책을 읽기 위해 출퇴근을 전철로 할 정도라고 했다.

업무 시간에 난희가 책을 읽는 모습은 본 적이 없었다. 그러나 책꽂이에는 보기에도 두꺼운 몇 권의 책이 꽂혀 있었다.《마케팅학》,《마케팅이란 무엇인가》,《마케팅에 관한 모든 것》등 전부 업무와 관련한 책들이었다.

업무와 관련한 책을 읽는다는 사실에 대해 현성은 난생처음 진지하게 고민했다. 자신은 전부 현장에서 실전 경험으로 일을 배우거나 사람을 통해 일을 배웠지 책을 통해 업무를 익히지는 않았다. 도대체 책에서 무엇을 배운단 말인가? 책은 그저 이론에 불과하다고 생각했다. 하지만 난희를 보면서 조금씩 생각이 바뀌고 있었다.

미옥에게 받은 두 권의 책 중 독서 경영에 대한 책을 먼저 읽었다. 나머지 한 권은 어젯밤 표지를 본 것이 전부였다. 미옥을 빨리 만나 독서법에 대한 이야기를 듣고 싶었다. 그러나 현성에게도 자존심은 있었다. 미옥을 만나려면 나머지 한 권의 책마저 읽어야 했다.

/ 첫 번째 미션 /

일독을 위한 1문장, 1단락, 1쪽

"책은 재미있게 읽으셨어요?"

다시 만난 미옥은 현성을 보자마자 책 이야기부터 꺼냈다.

"네. 생각보다 되게 재미있더라고요."

현성의 말에 미옥이 빙긋 웃었다.

"어라? 그 책 재미있는 책 아닌데."

"네?"

"뭐가 어떻게 재미있었는데요?"

"음……그러니까, 독서 경영에 대한 책은 삶에 대한 성찰이 가슴에 많이 남았고요, 독서로 성공한 사람들의 이야기는, 솔직히 감동적이었어요."

"엇! 책 다 안 읽으신 것 같은데요? 솔직히 말해봐요. 앞표지 뒤표지만 봤죠?"

"아니에요. 다 읽었어요!"

"에이, 아닌 것 같은데."

"진짜 다 읽었다니까요!"

현성은 왠지 모르게 억울한 마음이 들었다. 그러나 미옥은 표정 하나 바꾸지 않고 현성을 빤히 바라보았다.

"책을 두 권이나 읽었는데, 그것도 가슴에 남을 정도로 읽고 감동을 받았는데, 고작 재밌었다는 말밖에 안 나와요?"

"재미있었으니까요."

"정말요?"

"네. 책이 이렇게 재미있는 거였구나, 저도 놀랐다니까요."

현성은 아이처럼 눈까지 동그랗게 뜨고 말했다. 다 읽었다는 것을 증명하라면 당장이라도 증거를 보여줄 기세였다.

"하하하하하. 좋아요. 축하해요. 합격!"

"네? 뭐가요?"

"한다고요, 독서 멘토링. 불합격이면 아무리 윤 기자님 친구라고 해도 독서 멘토 안 하려고 했거든요. 이래봬도 저 엄청 바쁜 사람이에요."

미옥이 장난스럽게 한쪽 눈을 찡긋했다. 현성은 고개를 끄덕이면서도 영문을 몰라 어안이 벙벙했다.

"자, 오늘부터 당장 시작하죠. 첫 번째 미션! 30일 동안 매일 책을 읽는 건데, 1문장 1단락 그리고 1쪽 읽기예요."

"1문장 1단락 1쪽 읽기요?"

미옥의 말을 따라 하는 자신이 바보 같았지만 '문장' '단락' '쪽'이라는 말이 낯설게만 들렸다.

"독서는 습관을 잡는 게 가장 중요해요. 1문장 1단락 1쪽 읽기는 평생 책 한 권 안 읽은 초보 독서가라도 쉽게 따라 할 수 있답니다. 손에 책만 들면 되거든요."

"정말 그렇게 쉬운가요?"

"그럼요. 처음 10일 동안은 한 문장씩만 읽으면 돼요."

"한 문장이라면 얼마든지 읽을 수 있죠. 10문장도 읽을 수 있어요."

"아니, 아니. 급하게 하는 염색이 머릿결을 상하게 하는 법이죠. 자신에게 맞는 헤어 컬러를 찾는 데 시간이 걸리듯 독서도 처음엔 느긋하게 즐기면서 하는 게 좋아요. 처음엔 1일 1문장이면 충분해요. 대신 매일 읽는 게 중요하죠."

현성은 가슴을 쓸어내렸다. 처음부터 어렵고 복잡한 인문학 책을 읽으라고 하면 어쩌나 내심 스트레스를 받고 있었던 것이다.

"우선 하이쿠 모음집과 명언집을 사서 10일 동안 한 문장씩 읽으세요."

"명언집은 알겠는데 하이쿠는 뭔가요?"

"일본의 시예요. 우리나라의 시조처럼 형식이 정해져 있죠. 17글자에 모든 것을 담고 있는데 아름다운 자연 풍광이나 인간의 삶을 정제되고 함축된 언어로 표현하고 있어요. 일본에선 애호가만 1000만 명이 넘는다고 해요. 하이쿠 잡지에 글을 발표하는 사람도 수천 명이고요. 일본뿐만이 아니라 전 세계적으로도 사랑받고 있어요. 한때 〈뉴욕 타임스〉에서도 하이쿠 공모를 했을 정도니까요."

현성은 하이쿠에 대해선 아무것도 모르지만 더 이상의 무식함을 드러내기도 곤란해 짐짓 고개만 끄덕거렸다.

"가슴에 와 닿는 하이쿠들이 많으니까 읽으면 좋을 거예요. 좋은 명언도 한 편의 시와 같죠. 감정을 순화시키는 데도 도움이 되고요. 저도 진상 고객을 만난 날이면 하이쿠를 읽곤 하는데 마음이 정화되더라고요. 하하하."

"업무 스트레스를 낮추는 데 좋겠네요."

"오! 효과 만점일 걸요?"

머리털이 나고 하이쿠는 처음이었지만 왠지 모를 기대감이 생겼다. 스트레스 완화에도 도움이 된다니 그야말로 일석이조였다. 의욕이 솟구쳤다.

"10일 동안 하이쿠와 명언집에서 매일 한 문장씩 읽은 다음엔 한 단락 읽기라고 했나요?"

"네. 읽고 싶은 책 한 권을 골라 한 단락만 읽는 거예요. 이번에도 10일 동안요. 책을 보면 문장들이 쭉 나열되다가 들여쓰기가 되어 있는 부분이 있죠? 책을 펼쳐놓으면 한쪽이 여러 단락들로 되어 있는 게 보일 거예요. 마치 벽돌이 쌓여 있는 것처럼요. 단락은 의미의 덩어리라고 보시면 돼요. 한 문장으로 되어 있는 단락도 있지만 보통 서너 줄에서 대여섯 줄로 이뤄져 있죠. 드물게 쪽을 넘기는 경우도 있긴 하지만요."

미옥은 책을 가져다가 손으로 짚어가며 설명해주었다. 문장, 단락, 쪽으로 이뤄진 책들이 훨씬 친근하게 다가왔다.

"이것도 쉬울 것 같아요. 그리고요?"

"하하하. 완전 의욕이 넘치는데요? 파이팅 정신 좋네요. 문장과 단락을 읽고 나면 나머지 열흘 동안 한 쪽씩 읽는 거죠. 독서 습관의 기초를 잡기 위해 매일 읽는 게 중요해요. 일독이죠."

"일독? 매일 독서한다(日讀)는 뜻인가요?"

"맞아요. 그리고 한 가지 의미가 더 있답니다. 독서 습관을 잡는 첫 번째 단계라는 뜻의 일독(一讀)이지요. 30일 동안 일독해보세요. 생각보다 책 읽는 즐거움이 클 테니까요."

1문장의 행복

미옥의 말이 맞았다. 생각보다 책 읽는 즐거움은 컸다. 비록 처음엔 바쁜 회사 업무에 정신줄을 놓고 있다가 하루에 한 문장을 읽는 것도 깜박 잊을 때가 있었지만 며칠 지나고부터는 익숙해졌다. 일단 부담이 없었다. 게다가 자신에 대해 생각하게 하는 순간이 많았다.

"눈 내린 아침 얼마나 아름다운가, 평소에는 미움받는 까마귀조차도."

바쇼의 하이쿠를 읽을 때는 가슴이 찡했다. 자신의 처지가 떠올랐기 때문이었다. 어쩌면 지금은 미움받는 까마귀일지라도 진면목을 알아줄 날이 반드시 올 거라고 스스로 다짐했다. 웃음이 터져 나오는 하이쿠도 있었다.

"얼마나 운이 좋은가, 올해에도 모기에 물리다니!"

잇사의 하이쿠였다. 올해도 살아 있음에 감사하는 마음을 이렇게 재미있게 표현한 듯했다.

'그래, 삶이 있으면 희망도 있다고 했지.'

아침 태양이 떠오르듯 현성의 가슴에도 희망이 솟았다. 그래도 이만한 게 어디냐 싶었다. 월급을 받을 수 있는 회사가 있었고 가족이 다 뿔뿔이 헤어진 것도 아니었다. 고생은 하시더라도 아버지도 살아계셨다. 그리고 아직 자신은 한창 일할 수 있는 나이였다. 어머니도 현지도 자신도 건강했다. 최악의 나쁜 일은 겪지 않았다고, 바닥을 쳤으니 이젠 좋아질 일만 남았다는 생각이 들었다.

"이 숯도 한때는 흰 눈이 얹힌 나뭇가지였겠지."

타다토모의 하이쿠를 읽을 땐 자신도 모르게 눈시울이 시큰해졌다. 아버지가 생각나서였다. 사업이 몰락한 후 빚쟁이들을 피해 지방 어딘가를 전전하고 있었지만 아버지에게도 한때 빛나던 시절이 있었다. 어렸을 때 아버지는 무엇이든 가능한 슈퍼맨과 같은 존재였다. 가족을 위해 평생 헌신한 아버지였다.

'건강을 해치지 마셔야 할 텐데…….'

돌아오시기만 하면 아버지와 긴 대화를 나누고 싶다고 현성은 진심으로 생각했다. 하이쿠는 현성의 얼어붙은 마음을 촉촉하게 녹여주었다. 완전히 말라 죽어 없어진 줄 알았던 감성이 하이쿠를 읽을 때마다 되살아나는 것 같았다.

하루 한 문장씩 읽는 명언도 큰 힘이 되었다.

"나는 천천히 가는 사람이다. 그러나 뒤로는 가지 않는다."

링컨의 말은 종이에 적어두기까지 했다. 하루에도 몇 번씩 곱씹었다. 하루에 비록 한 줄을 읽을망정 한 줄도 읽지 않는 날은 없도록 하겠노라 다짐했다. 한 문장이 한 장이 되고, 한 장이 한 권이 되는 날이 올 것이라고 믿었다.

하루에 한 문장 읽는 게 뭐 대수냐 싶었지만 막상 시작해보니 그렇게 좋을 수가 없었다. 모두 다 보석 같은 문장들이어서 여러 번 반복해서 읽다 보니 자연스레 외우게 되었다. 하이쿠와 명언집은 지혜로운 사람들의 삶을 한 줄로 축약해놓은 것이었다. 시인의 감성과 위인의 지혜를 동시에 맛보는 동안 평생 이 습관을 실천하고 싶다는 마음이 저절로 들었다.

순식간에 10일이 지나고 한 단락씩 읽는 새로운 10일이 시작되었지만 현성은 하이쿠와 명언을 빼놓지 않고 꼬박꼬박 읽고 외웠다. 마지막 10일 동안 한 쪽씩 읽을 때도 마찬가지였다. 매일 글을 읽다 보니 자신만의 책 읽는 리듬이 생기는 것도 같았다. 아직은 '독서 리듬'이라고까지 말할 정도는 아니었지만 나름대로 습관으로 정착하는 듯했다.

오늘 읽은 문장에 가슴이 뛰고 내일 읽을 문장에 마음이 설렜다.

머리로 읽은 것이 가슴으로 내려오기까진 시간이 걸렸지만 일단 머리에서 가슴으로 옮겨진 글들은 마음 밭에 좋은 씨앗으로 뿌려졌다. 뿌리 깊은 나무가 바람에 흔들리지 않고 샘이 깊은 물이 가뭄에 마르지 않듯, 평생 현성의 삶에 용기와 힘을 줄 게 틀림없는 문장들이었다.

나만의 독서 리듬을 찾아라

30일이 순식간에 지났다. 다시 미옥을 만난 현성은 신기한 체험을 하고 있었다. 손가락으로 꼽을 만큼 몇 번 만나지 않은 사람이었는데 어느 순간 서로에게 '누나' '동생' 하고 있었던 것이다. 은근히 낯을 가리는 편인 현성의 성격으로는 몇 번이나 고개를 갸웃거릴 수밖에 없었다. 명훈에게 이 사실을 말하자 그는 이런 말을 했다.

"책 이야기를 하다 보면 속내를 드러내게 되잖아. 만남의 양이 중요한 게 아니라 질이 중요한 거지. 백 번을 만나도 헛헛한 사람이 있는가 하면 딱 한 번 만났을 뿐인데도 통한다는 느낌을 받는 사람도 있지. 책을 읽는 사람끼리 만나서 이야기를 나누다 보면 단번에 통한다는 느낌이 들더라."

명훈의 말을 듣고서야 조금은 납득이 됐다. 미옥과 책 이야기를 나누다 보면 자연스레 삶의 이야기가 나올 때가 많았다. 미옥은 현성의 지난 과거사를 듣고도 평가하거나 판단하기보단 공감을 해주었다. 그녀는 탁월한 듣기 능력을 지니고 있는 것 같았다. 그게 원래 타고난 재능인지 독서를 통해 길러진 성품인지 알 수는 없었지만 자신이 독서 멘토 하나는 정말 잘 만났다는 생각이 들었다. 미옥은 독서 방법에 대해 말해줄 때도 한꺼번에 이야기를 풀어놓지 않았다.

"세상엔 사람 수만큼이나 많은 독서법이 있어. 자신에게 맞는 걸 찾는 게 중요하지."

"아! 그래서였구나! 10일마다 1문장, 1단락, 1쪽씩 읽다 보니 저한테 맞는 독서 리듬이 생기더라고요. 혹시 그걸 고민하게 하려고 일부러 미션으로 주신 건가요?"

"맞아. 독서 습관을 잡으려면 자신에게 맞는 방법을 찾아야 하니까. 그런데 리듬이라는 말 참, 좋네. 꿈보다 해몽을 잘해줘서 고마워."

미옥이 활짝 미소를 지었다. 순간, 현성은 미옥을 만나면 왜 기분이 좋아지는지에 대한 궁금증이 풀린 듯했다. 어떤 대화를 나누다가 칭찬의 말이 나오면 그녀는 자신의 몫으로만 챙기기보다 아주 기분 좋게 상대에게 넘겨주었다. 그래서 미옥과 이야기하면 마음이 불편하거나 심기가 거슬리는 일이 거의 없었다. 어떤 이야기도 편하게 할 수 있었고, 대화를 나누고 나면 자신이 좀 더 괜찮은 사람처럼 느껴졌던 것이다. 독서 리듬에 대한 이야기는 그 후로도 계속 이어졌다.

"어떤 사람은 아침 독서가 좋다고 하고, 어떤 사람은 밤 독서가 좋다고 해. 집중해서 내리 서너 시간을 읽는 게 좋다는 사람도 있고, 틈틈이 짬을 내어 10분이나 20분 읽는 게 좋다는 사람도 있지. 긴 시간을 집중적으로 투자해야 하는 책이 있고 자투리 시간에 효과적으로 읽어야 하는 책이 있지만 그건 독서를 하는 과정 중에 자연스럽게 느끼게 될 거야. 중요한 건 어느 정도 일정한 독서 습관이 잡히고 수준에 오를 때까지는 아침이건 밤이건 전철에서건 집에서건 하루 세끼 밥을 먹듯 꾸준히 책을 읽어야 한다는 거지."

'하루 세끼 밥을 먹듯 읽는다?'

현성은 마음속으로 가만히 되뇌었다. 비록 30일 동안은 매일 책을 읽었지만 앞으로도 때가 되면 꼬박꼬박 밥을 챙겨 먹듯 그렇게 꾸준히 독서를 할 수 있을지 자신이 없었다. 자신을 변화시키기 위해 독서를 한다는 목적은 확고했지만 과연 독서를 통해 얼마나 변화될지 강한 확신이 서지 않았던 것이다.

"누나, 솔직히 말씀드리면, 제가 30일 동안은 해냈는데 앞으로도 1년, 2년 혹은 10년, 20년 매일 책을 읽을 수 있을지, 또 독서가 과연 저를 얼마나 변화시킬지 모르겠어요."

"그럴 거야. 주변에 역할 모델이 있는 것도 아니고 무엇보다 본인 경험이 없을 테니까. 그럼 어떻게 할래? 그냥 주어진 회사 일만 죽도록 할래?"

"그건 아니죠. 열심히 자기계발을 해야죠."

"네가 생각하는 자기계발은 뭐니?"

"어……음, 지금보다 나은 자신을 만드는 것?"

"어떤 식으로?"

"스펙을 쌓는 거죠. 외국어를 배우거나, 업무 스킬을 키우거나, 인맥을 쌓거나, 자격증을 따거나. 해외 지사에 나가서 경험을 쌓는 것도 한 방법이고요. 필요하다면 대학원 진학도 할 수 있죠."

현성은 열심히 설명했지만 말이 길어질수록 미옥의 미간엔 주름이 잡히기 시작했다. 물끄러미 현성을 바라보던 미옥이 툭, 질문을 던졌다.

"그러면 정말 삶이 변할까?"

"……."

미옥도 현성도 한동안 말이 없었다. 무슨 말이라도 해야 할 것 같아 현성은 입을 열었다.

"적어도 나빠지진 않을 것 같아요."

"그럼 네가 바라는 변화는 지금보다 더 나빠지지 않는 거니? 그게 전부야? 진짜 어떤 삶을 살고 싶은 건데?"

"그거야……."

입을 떼긴 했지만 바로 답이 나오지 않았다. 그렇게 절실하게 삶을 변화시키고 싶다고 생각했지만 막상 자신이 원하는 삶의 모습은 어떤 것인지 막연하기만 했다.

"좋은 집, 많은 돈, 예쁜 애인, 멋진 차가 있으면 만족스럽겠니?"

"일단 현실적으로 그렇게 된다면야 바랄 게 없죠."

그러나 현성의 목소리엔 힘이 없었다. 잊고 있었던 자신의 처지가 갑자기 생생하게 떠올랐다. 낮에도 빛이 잘 들어오지 않아 형광등을 켜놓아야 하는 반지하 월세 방에 동생의 대학등록금. 게다가 여자한테 버림받은 처지에 회사에서조차 제대로 한 사람 몫을 하지 못하고 있었다. 다시금 불안이 솟아올랐다. 이런 상황에서 책을 읽는 것이 정말 옳은 길일까? 어쩐지 독서가 피부에 확 와 닿는 처방책이 아닌 것처럼 여겨졌다. 이런 현성의 마음을 읽기라도 한 듯 미옥이 한층 가벼운 목소리로 말했다.

"내가 처음 미용기술을 배울 때는 자유자재로 롯드(파마할 때 사용하는 막대 모양의 도구)를 마는 선배들이 대단해 보였어. 내가 말면 뒤통수가 난리가 났는데 선배들은 가로든 세로든 신의 손처럼 머리카락 한 올 빠짐없이 롯드를 마는 거야. 있어야 할 곳에 정확히 말아진 롯드는 신성한 길처럼 보이기까지 했지. 왜 나는 잘 안 되는지 좌절하고 있을 때 한 선배가 그러더라. 처음부터 잘하는 사람은 없다. 첫 번째 롯드에 집중해라. 그러고 나서 두 번째 롯드에 최선을 다해라. 그렇게 하나씩 하는 거다. 눈앞의 롯드를 놓치면 머리 전체를 놓치게 된다."

"……."

"사람마다 원하는 건 다를 거야. 이루는 방법도 다르겠지. 나의 경우는 아름답게 완성된 펌을 위해선 우선 내 눈앞의 롯드 하나부터 정성을 다해 말아야 했어."

"눈앞의 롯드 하나?"

"그래. 아무리 긴 머리 펌도, 어떤 최신 펌도 롯드를 하나 하나 말아야 완성되는 법이거든. 모든 일에는 과정이 필요하지. 요령도 배워야 하고 성공 마인드도 몸에 익혀야 해. 절실한 마음이 우선이지만 생각만 해서도 안 돼. 몸을 움직여야지. 독서 습관은 마인드만으로는 길러지지 않아. 매일 손에 책을 들고 읽어야 하지. 습관은 무조건 몸으로 익히는 거야. 설마 두피 관리도 제대로 안 하면서 아침마다 머리가 빠진다고 쌩 고민을 하는 건 아니겠지?"

현성은 속으로 뜨끔했다. 안 그래도 부쩍 아침마다 신경이 쓰이던 참이었다. 스트레스가 심해지면 빠지는 머리카락도 늘었다. 하지만 지금은 자신의 머리카락보다 더 중요한 게 있었다.

"독서법을 빨리 익히는 법은 없어요?"

질러갈 수 있는 길이 있다면 그리고 가고 싶었다. 책 한 권을 읽는 것으로 10권 읽은 효과를 본다든가.

"그런 건 없어."

미옥이 딱 잘라 말했다. 현성은 독서는 몸으로 한 문장, 한 단락, 한 쪽씩 읽어야 하는 것이지 마법처럼 익힐 수 있는 것은 아니라는 생각이 들었다. 그러나 스스로 읽어나가는 중에 느껴지는 즐거움이 분명 있었다. 현성은 서두르지 말고 천천히 해나가자고 자신을 다독였다. 어쨌든 첫 번째 미션은 클리어했으니 말이다. 게다가 제법 재미있기까지 했다.

"독서는 쉽기도 하고 어렵기도 하네요. 하지만 재미있어요. 더 즐기고 싶어요."

"리듬을 타듯?"

"네. 리듬을 타듯."

"풋 유어 핸즈 업!!!"

미옥이 힙합 전사 같은 포즈로 손을 높이 들었다.

"오, 예~!!!"

현성도 스웩 넘치게 두 손을 흔들었다. 기분 좋은 웃음소리가 터져 나왔다.

/ 두 번째 미션 /

1주일 1권 읽기

미옥과의 대화는 점점 무르익어갔다. 미옥은 자신이 모르는 분야에 대해선 겸손하게 경청했고, 호기심 반짝이는 눈으로 쉴 새 없이 질문을 던졌다. 이럴 때의 미옥은 궁금한 게 많아서 물어보지 않고는 못 참는 열 살 소녀 같았다. 그러나 어떤 주제든 자신의 생각을 자신의 언어로 말할 줄 알았다. 그래서인지 미옥과 이야기를 하고 나면 책을 10권 읽은 것 같았다. 독서 멘토로 왜 미옥을 추천했는지 명훈의 속마음을 알 것도 같았다.

"훌륭하게 미션을 완수한 것을 축하하며 두 번째 미션으로 들어가 볼까?"

"좋습니다."

"일주일에 책 한 권 읽기야."

미옥은 앞뒤 말을 딱 자르고 본론만 말했다.

"일주일에 한 권이라고요?"

일주일에 한 권이면 한 달에 네다섯 권이었다. 너무 많다는 생각이 들었다. 생각만 해도 심장에 무리가 오는 듯했다. 앞으로 두세 달 동안 읽어야 하는 책만 해도 독서 멘토링을 시작하기 전 10년 동안 읽은 책보다 많은 분량이었다.

"사람이 어떻게 매주 한 권씩 책을 읽어요?"

"난 하루에 한 권 이상 읽는 날도 많은데?"

"네?"

입이 딱 벌어졌다. 미옥의 헤어숍은 하루 종일 쉴 틈 없이 돌아가는 곳이었다. 그래서 자신의 독서 멘토링도 늦은 밤 문 닫기 한 시간 전에 했다. 도대체 어떻게 시간을 내는지 궁금해졌다.

"시간이 돼요?"

"시간 날 때 읽으면 못 읽지. 독서 시간을 일부러 만들고 우선순위에 올려두었어. 내게 독서는 일상이야. 물 마시고 밥 먹는 것과 같지."

솔직히 조금 부럽기는 했다. 미옥은 숨을 쉬듯 자연스럽게 책과 호흡하는 듯했다. 그에 비하면 자신의 독서는 임시적인 인공호흡과 같은 것이었다.

"일단 내가 썼던 방법을 알려줄게. 한번 해봐. 첫 번째 미션은 분량을 정해서 읽는 것이었지?"

"네. 1문장, 1단락, 1쪽씩이었죠."

"이번엔 시간을 정해보는 거야. 일주일 동안 2일은 매일 30분씩 읽고, 그다음 2일은 매일 60분씩 읽고, 그리고 나머지 3일은 매일 90분씩 읽는 걸로."

"2일마다 30분씩 늘리는 거네요?"

"응. 이렇게 규칙적으로 해나가면 독서 습관을 잡는 데도 좋거든."

"한 번에 읽는 게 좋아요?"

"꼭 그런 건 아냐. 이것도 너만의 리듬을 찾을 때까진 부담 없이 10분씩 나눠도 돼. 하루에 세 번씩 나눠서 책을 읽어도 되고. 식사 전후나 출퇴근 시간을 이용하는 방법도 있고. 아침저녁 샤워 전후나 점심시간 자투리 시간을 이용해도 좋고."

"차차 시간을 늘려가는 건 좋은 방법인 것 같아요."

매일 책을 읽는 즐거움을 맛본 터라 시간을 조금 늘린다고 해도 부담이 될 것 같지는 않았다. 하루 90분씩 읽는 일은 조금 부담스러울 것도 같았지만 습관만 확실히 잡히면 그 또한 가능할 것 같았다.

"누나는 언제 책을 읽어요?"

"아침에 일어나자마자 읽고, 휴식 시간에 읽고, 밥을 먹고 나서 읽고, 예약이 갑자기 취소되었을 때도 읽고, 샤워하고 나서 읽고, 약속 장소에서 기다릴 때도 읽고, 출퇴근 시간에 읽고, 잠자기 전에 읽고, 화장실에서 읽고……."

"아우, 하루 종일 읽는 거잖아요!"

현성이 보기에 미옥의 독서는 거의 '중독' 수준이었다. 그러나 지금은 예전보다 덜 읽는 것이라는 말에 현성은 그냥 입을 떡 벌리고 말았다. 책에 미쳤을 때는 하루에 서너 권씩 읽기도 했다는 것이다.

"하하하. 내가 뭐에 한번 꽂히면 끝장을 보는 성질이거든. 그렇게 책이 좋더라. 밥보다 연애보다 더 좋았어. 그때 읽은 책이 내 인생의 방향을 완전히 바꾸기도 했고."

"책이 정말 누나 인생을 바꾸었나요?"

"응. 누가 뭐래도 그것 하나는 자신 있게 말할 수 있어. 내 인생을 바꾼 결정타는 책이었다고. 누군가는 음악으로 인생이 바뀌었다고 하고, 누군가는 사람을 만나 인생이 바뀌었다고 하잖아? 내 경우엔 책이었어. 독서는 내 인생의 일부야. 세상에 읽을 책이 많다는 것만으로도 행복한걸. 매일 책을 읽을 수 있다는 건 삶이 주는 선물 같아."

미옥은 정말로 행복해 보였다. 현성도 그 순간만큼은 미옥의 행복에 전염되는 듯했다. 미옥과 헤어져 집으로 돌아오자마자 바로 책을 읽기 시작했다. 일주일에 한 권, 한 달 동안 읽어야 하는 책이

네 권이었다.

매일 비타민을 챙겨 먹듯, 하루에 세 번 시간을 나눠 꼬박꼬박 책을 읽었다. 책을 읽지 못할 만큼 지친 날도 있었다. 그럴 땐 하이쿠나 명언을 읽었다. 그러면 다시 기운이 생겨 책장을 펼칠 수 있었다. 어떤 주말엔 하루 종일 책을 읽은 날도 있었다.

한 달이 지났을 때, 읽어야 하는 네 권을 넘어 무려 두 권이나 더 읽었다. 내면에 숨어 있던 독서 본능이 일깨워진 기분마저 들었다.

'내게도 이런 잠재력이 있었구나…….'

앞으로도 지속적으로 매일 책을 읽을 수 있겠다는 자신감이 생겼다. 자신감 회복. 그것이야말로 독서가 준 최고의 선물이었다.

/ 세 번째 미션 /

도전! 100일 33권 읽기

세 번째 미션을 위해 만난 날 미옥은 투 톤 염색에 상큼한 커트 스타일로 바뀌어 있었다.

“오! 누나! 딴 사람 같아요.”

“분위기 전환. 어때?”

“잘 어울려요. 단발도 좋다고 생각했는데 지금 보니까 이 스타일이 인생 머리네요.”

“후훗. 스타일의 완성은 역시 헤어지. 자, 두 번째 미션까지 훌륭하게 완수했으니 세 번째 미션으로 가볼까?”

“좋아요. 뭐든 자신 있어요.”

현성은 자신감 ‘만렙’인 얼굴로 고개를 끄덕였다. 용을 무찌르고 돌아온 위풍당당한 용사 같았다. 무려 한 달에 여섯 권이라는 어마어마한 양의 책을 읽지 않았나. 그 어려운 걸 해냈으니 세 번째 미션쯤이야 쉽게 달성할 수 있다고 생각했다.

"오호, 제법 호기로운데. 그럼 나도 가벼운 마음으로 말할 수 있겠네. 100일 동안 33권 읽기."

"네?"

현성은 자신의 귀를 의심했다. 지금 미옥이 뭐라고 했든 자신이 잘못 들은 게 틀림없다고 믿었다. 그러나 미옥은 한 번 더 말하는 게 대수냐는 듯 심플하게 말했다.

"다시 한 번 말해줘? 100일 동안 33권 읽기."

"저, 그러니까……."

"그래, 100일 동안 33권 읽기."

"아니요, 저기요……."

"응. 100일 동안 33권 읽기."

"누나! 누님! 누느님!"

"오냐. 100일 동안 33권 읽기."

몇 번을 더 들은 후에야 현성은 포기했다. 미옥은 한다면 하는 성격인 것이다.

"정리를 하자면, 그러니까 다른 누구도 아닌 제가, 1000일도 아닌 100일 동안 세 권도 아닌 33권의 책을 읽어야 한다는 거네요?

제가요? 100일 동안? 33권을?"

"그렇다니까."

미옥은 뭐가 우스운지 깔깔거리다가 심지어 박장대소를 했다. 그러나 현성은 따라 웃을 수가 없었다. 무려 100일 동안 33권이었던 것이다. 일주일에 한 권과는 비교가 되지 않았다.

"웃을 일이 아니에요. 저한텐 진짜 큰일이라고요."

"해보지도 않고 큰일인지 작은 일인지 어떻게 아니?"

"그런데 왜 하필이면 33권이에요?"

"지금 몇 살이지?"

"서른셋이오."

"그럼 나잇값은 해야지."

마흔세 살이면 43권인데, 그럼 정말 어쩔 뻔했냐고 현성은 가슴을 쓸어내렸다. 그러나 안도의 한숨이나 쉬고 있을 때가 아니었다. 얼마 전부터 바빠지기 시작한 마케팅 업무만으로도 일과가 벅찼던 것이다.

"100일 동안 33권을 읽는 이유는 30일 동안 1문장, 1단락, 1쪽씩 읽은 것과, 일주일 동안 한 권씩 읽은 이유와 비슷해. 뭐라고 생각해?"

"독서 습관 잡기요."

"딩동댕! 정답! 초반에 확고한 독서 습관을 잡기 위해서야. 독서법 첫 단계는 독서 습관을 제대로 잡는 것에 중점을 둬야 한다는 것을 잊지 마. 그러나 가장 중요한 것은 언제나 궁극적인 목적이지. 네가 애초에 책을 읽기로 결심한 이유가 뭐였지?"

"저 자신을 변화시키고 싶어서요."

"가장 중요한 그 목표를 꼭 기억해. 필요하면 벽에 써 붙이고 힘들 때마다 큰 소리로 읽어. 독서 목표는 독서 과정의 북극성과 같아. 길을 잃어버리거나 헤맬 때 나침반이 되어줄 거야. 100일 33권 읽기의 목표가 뭐라고?"

"독서 습관 잡기요."

"좋아. 아주 훌륭해."

미옥이 방긋 웃었다. 천사 같은 미소였지만 지금은 슬쩍 마녀처럼 보이기도 했다. 천사의 미소든 마녀의 미소든 현성도 어쩔 수 없이 따라 웃을 수밖에 없었다.

"가장 먼저 무엇부터 시작해야 하죠?"

현성의 목소리는 비장하기까지 했다. 그의 눈에 100일 33권 독서는 우주 탐사 급의 장대한 프로젝트처럼 보였다.

"100일 동안 읽을 33권의 책을 구해야지."

"한꺼번에요?"

"응. 자금의 압박을 느끼더라도 책은 일단 사서 봐. 그래야 피 같은 돈 생각이 나서 열심히 읽거든. 인터넷 서점에 들어가서 목록을

봐도 좋고, 서점에 가서 직접 골라도 좋고."

"어떤 책을 고르는 게 좋아요? 꼭 읽어야 하는 책들이 있나요?"

"어떤 책이든 다 좋아. 베스트셀러든 스테디셀러든, 픽션이든 논픽션이든, 경영서든 요리서든 마음 편하게 자신이 좋아하고 흥미를 갖고 있는 분야의 책을 골라. 어려운 책이나 멋있어 보이는 책으로 자신을 고문만 하지 않으면 돼. 다시 한 번 말하지만, 처음 독서 습관을 잡을 땐 재미를 느끼는 게 제일 중요하거든."

현성은 고개를 끄덕였다.

"결의가 섰다면 33권을 한꺼번에 구입해. 너무 부담스러우면 반씩 나눠 사고. 책을 쌓아두고 보다 보면 읽어야 한다는 의욕이 생기거든. 쌓아놓은 책보다 읽은 책들이 한 권 한 권 많아지면 성취감도 생기고. 장담하건대 엄청 뿌듯해질 거야."

현성은 또 고개를 끄덕였다. 다섯 권을 읽고도 그렇게 뿌듯했는데 33권이야 말해 무엇 하랴.

"책꽂이가 없으면 그것도 하나 마련하고. 책꽂이와 100일 동안 읽을 33권의 책이 갖춰지면 2단계 준비는 끝난 거야."

"3단계는 뭔데요?"

"'1주일 1권 읽기' 때 아침 시간이나 저녁 시간 등 자투리 시간을 틈틈이 이용했지? 이미 연습해봤으니 잘할 거야. 하루에 가능한 독서 시간을 모두 뽑아보는 거야. 우선 아침에 한 시간 일찍 일어나는 방법이 있지. 그리고 저녁에 한 시간 독서하는 시간을 만들고. 출퇴근 30분씩 총 한 시간까지 합치면 하루 세 시간이 기본으로 나오지. 100일 33권 읽기는 불가능한 미션이 아니야. 충분히 가능한 일이라고. 이 정도는 마음만 먹으면 얼마든지 할 수 있어. 단, 조건이 있지. 텔레비전 안 보고 인터넷 안 하고 휴대전화 게임 안 하는 것."

현성은 자신도 모르게 헉! 소리를 냈다.

"텔레비전, 인터넷, 거기에 게임까지 끊으라고요?"

"지금까지 텔레비전을 보고 인터넷 서핑을 하고 휴대전화 게임을 해서 인생이 변했니?"

현성은 고개를 저었다. 단순히 재미를 위해 텔레비전을 보거나, 멍하니 인터넷의 이런저런 사이트를 전전하거나, 시간을 때우기 위해 휴대전화 게임을 할 때가 많았던 것이다.

"독서하는 목적은 안 잊었지? 책을 읽는 것 자체가 목적이 아니야. 내가 왜 책을 읽으려고 하는가? 무엇을 위한 독서인가? 반드시 초심을 기억해. 독서 습관을 잡기 위한 세 번째 미션에서 가장 중요한 포인트는 독서 환경을 조성하는 거야. 책과 시간을 우선적으로 확보하는 것이지."

"네. 알겠어요. 그럼 하루 세 시간만 독서에 투자하면 100일 동안 33권을 다 읽을 수 있을까요?"

"어디 한 번 따져볼까? 100일에 33권을 읽으려면 적어도 3일에 한 권은 읽어야지. 하루 세 시간씩 독서를 한다고 치면 3일에 아홉 시간. 아홉 시간 동안 한 권을 다 읽을 수 있어?"

"7시간 만에 읽은 적도 있으니 가능하긴 하죠. 하지만 그건 초반에 한두 권 읽을 때 얘기고 시간이 지날수록 점점 어려워질 것 같아요. 제가 좀 작심삼일일 때가 많기도 하고……. 솔직히 말하면 책 읽는 속도가 빠른 편은 아니거든요."

"그렇다면 독서 시간을 더 내야지. 읽다 보면 속도도 빨라져서 하루에 한 권도 읽을 수 있게 될 거야. 그러니까 지금은 너무 걱정 말고 가능한 모든 시간을 만들어봐."

"아침저녁 시간에 출퇴근 시간까지 책을 읽는데 더 만들 시간이 있을까요? 남은 건 회사에서 보내는 시간밖에 없는데요."

"그래. 회사! 점심시간이 있잖아."

"오 마이 갓!"

진정 미옥이 마녀처럼 보이는 순간이었다.

"최소한 10분에서 최대 30분은 나올걸? 동료와의 친분이 중요하니 점심은 같이 먹더라도 5분이나 10분은 만들 수 있잖아. 그럴 때는 자투리 시간에 읽을 수 있는 책을 따로 두는 것도 좋아."

"책을 두 권 세 권 동시에 읽어도 되는 거예요?"

"안 될 이유라도?"

"없죠……. 하지만 한 번 읽기 시작한 건 끝까지 읽는 게 좋은가

싫어서요."

"결과론적으로 어떤 게 더 좋다는 법은 없어. 전에도 말했지만 자신에게 맞는 독서법이 최고이자 최선이지. 책을 읽을 때 중요한 건?"

"리듬~!"

"오케이."

"아침, 점심, 저녁, 출퇴근. 그럼 이걸로 된 건가요?"

"노~노! 주말이 있잖아. 책을 읽기엔 최고의 시간이지."

"그래도 주말이잖아요. 평일에 열심히 읽고, 주말엔 좀 쉬면 안 돼요?"

"아마 책 읽는 재미를 느끼면 내가 말려도 주말 내내 책을 읽게 될걸?"

"하하하……주말 내내……제가 말이지요?"

현성은 미옥이 농담을 한다고 생각했다. 간혹 드물게 주말에 책을 읽기도 했지만 책이 참을 수 없이 좋아서 주말 내내 읽게 된다면 그것이야말로 인생 최고의 '기적', 아니, 기적이 아니라 '마법'일 것이다.

"나중에 내 말이 옳았다는 걸 알게 될 거야. 못 믿겠으면 내기라도 할까?"

"아니에요. 믿어요, 믿어. 그럼 세 번째 미션은 책과 책꽂이를 사고, 최대한 독서 시간을 만드는 것, 이거면 되나요?"

"중요한 게 하나 더 있는데 그건 차차 말해줄게."

"그게 뭔데요?"

"하하하. 100일은 길어. 시간을 충분히 들이지 않은 펌은 망할 수도 있다니까. 릴랙스. 일단 두 가지만 충실히 해. 나머지는 나중에 때가 되면 알려줄 테니까. 독서 환경이나 잘 조성해봐."

"어휴, 친구들 만날 시간도 없겠네. 이러다 왕따 되는 거 아닌가 몰라요."

"실제로 책을 읽다 보면 온갖 생각이 다 들 거야. 안 하던 일을 새로 시작할 땐 원래 저항감이 생기는 법이거든. 책을 읽어서 뭐하나 회의도 들고, 다 쓸데없는 일인 것만 같고. 그럴수록 정신을 바짝 차리고 자신의 마음을 잘 살펴봐. 정말로 독서가 필요 없어서인지, 아니면 어떤 외부적인 조건 때문에 마음이 잠시 흔들린 건지."

"만일 단순히 독서가 힘들어서라면요?"

"그땐 독서에 방해되는 요인이 뭔지 찾아봐야지. 독서 습관을 잡기 위한 100일 33권 독서를 본격적으로 시작하기 전에 크게 방해되는 요인들이 있다면 미리 해결하는 것도 결심을 굳게 하는 한 가지 방법이지."

"예를 들면 어떤 게 있을까요?"

"저녁에는 휴대전화를 꺼둔다든가, 거실의 텔레비전을 다른 방으로 옮긴다든가. 자신이 주로 무엇에 시간을 뺏기는지 생각해보면 답을 찾을 수 있을 거야."

현성은 몇 가지 마음에 짚이는 것들이 있었다. 우선 가장 먼저 해결해야 할 것은 텔레비전이었다. 텔레비전과 컴퓨터를 어머니와 현지가 쓰는 방으로 옮겨야겠다고 마음먹었다.

"좀 더 세부적인 사항은 정리해서 메일로 보내줄게. 언제부터 시작할 수 있어?"

"책과 책꽂이를 준비하는 대로 다음 달 1일부터가 어떨까요?"

"좋았어! 중간에 궁금한 거나 힘든 일이 생기면 언제든 연락하고."

"……귀찮지 않아요?"

현성의 걱정스러운 표정과 달리 미옥은 그 어느 때보다 해맑게 웃으며 대답했다.

"전혀. 다른 일도 아니고 작심하고 독서하겠다는데 내가 할 수 있는 모든 방법을 동원해 힘이 되어줄게. 나도 우리 스승님께 큰 도움을 받았으니 이젠 다른 사람에게 돌려줄 차례야. 모름지기 사람은 말이야 은혜를 입었으면 갚아야 한다고."

"은혜는 누나 스승님께 갚아야지 왜 저한테 갚아요?"

"스승님이 그러셨거든. 평생 다 갚지 못할 큰 은혜를 받았는데 어떻게 갚아야 하냐고 물으니까 자신한테 고마움을 느낀다면 도움이 필요한 누군가를 만났을 때 그 사람을 도와주면 된다고. 감사함을 나누며 사는 것이야말로 자신을 위해 무언가를 하는 것보다 더 큰 기쁨이라고."

현성은 미옥의 스승이 누군지 정말로 궁금해졌다.

"저도 그분을 한번 만나 뵐 수 있을까요?"

"때가 되면."

"때가 되면요? 언제요?"

"나라는 독서 멘토를 졸업할 때가 되면 자연스레 만나게 될 거야."

미옥은 확신에 차서 말했지만 현성은 미옥에게 배울 것이 아직도 한참 많이 남았다는 생각만 들었다. 하지만 언젠가는 미옥의 스승을 만날 날이 올지도 몰랐다. 언젠가는.

하나뿐인 나만의 책장

주문한 책꽂이와 책이 도착한 날은 토요일이었다. 며칠을 고민하다가 결심을 굳히고 33권의 책과 책꽂이를 인터넷에서 주문했다. 두 달 용돈으로 책정한 돈을 책값으로 다 털어 넣었다. 학교 다닐 때는 전공 서적조차 꼬박꼬박 챙겨서 사본 적이 없던 자신이 생전 처음 33권이라는 어마어마한 분량의 책을 사고 나니 마치 거대한 일을 이룬 위인처럼 느껴졌다.

집에 있던 현지가 콧노래까지 부르며 책 정리를 하는 현성을 마치 생전 처음 보는 기괴한 생물처럼 바라보았다.

"오빠……지금 뭐하는……거야?"

"응? 나? 책 정리하잖아. 이 오빠가 말이다, 이제부터 책 좀 읽으며 살려고."

현성의 말이 끝나자 현관문 열리는 소리가 들렸다.

"왜 현관문이 열려 있니? 누가 왔어? 현성아. 현지야."

시장에 갔던 어머니가 현관문을 닫으며 이름을 불렀다. 현지는 현성에게서 눈을 떼지 않은 채 숨이 넘어갈 듯 큰소리로 "엄마! 엄마!"를 불렀다.

"빨리 와봐! 오빠가……오빠가……!"

"뭐라고? 현성이가?"

다급한 현지의 외침에 장바구니를 내팽개치고 달려온 어머니는 방 안의 책꽂이와 쌓인 책들을 보며 놀란 듯 눈을 크게 떴다. 어머니를 보던 현성은 자신이 되레 놀라서 눈을 크게 뜰 수밖에 없었다. 그렇게 크게 떠진 어머니의 눈은 처음 보았던 것이다.

"지금……이게……이게, 무슨……. 현, 현성아……너 왜 그러니. 무슨 일 있니?"

"아이 참. 책 좀 읽으려고요. 현지랑 엄마야말로 왜 그래? 이게 그렇게 놀랄 일이야?"

현지는 놀라서 아무 말도 못하는 어머니의 등을 슬며시 떠밀며 방을 나갔다. 그러고는 방문을 닫으며 이렇게 말했다.

"놀랄 일이 아니라 무서운 일이지."

닫힌 방문 사이로 어머니와 현지의 대화가 들렸다.

"현지야, 도대체 네 오빠가 왜 저러니? 내 아들이 갑자기 왜 저래? 응?"

"몰라. 책 읽는다잖아."

"책을 읽는다고? 현성이가?"

"응, 내 오빠, 엄마 아들, 고현성이 책을 읽는대. 엄마, 오빠가 갑자기 무서워. 이렇게 무서운 일이 우리 집에 일어날 줄은 몰랐어. 아빠 사업이 망한 거보다 오빠가 콧노래를 부르며 책장을 정리하는 게 더 무서워."

어머니와 현지는 현성이 책을 읽는 이유에 대해 한바탕 추론을 벌이기 시작했다.

"혹시 회사에서 잘린 걸까?"

소리 죽여 말하는 현지를 보며 어머니가 깜짝 놀란 얼굴로 가슴에 손을 올렸지만 곧 고개를 저었다.

"어제 월급 받았잖니. 가만 있자, 요즘 통 집에만 있고 일찍 들어오는 게 애인이랑 헤어진 것 같지?"

"그 예쁜 언니? 하긴 밤에 통화도 안 하고 만나지도 않는 것 같더라. 헤어진 게 아니라 차인 거겠지."

"아이고, 어쩌니. 집이 이렇게 돼서 그런 거야. 다 내 잘못이다……."

"엄마도 참! 그게 왜 엄마 잘못이야."

"내가……내가……."

어머니는 현성의 닫힌 방문을 보며 금방이라도 울 것 같은 표정이었다. 그러나 현지는 충격에서 어느 정도 벗어났는지 현관에 떨어진 장바구니를 집어 들 뿐이었다.

"내버려둬. 저러다 말겠지. 오빠가 저 책을 다 읽으면 내 손에 장을 지진다."

현지와 어머니가 이런 대화를 나누든 말든 현성은 여전히 콧노래를 부르며 책을 마저 정리했다. 한 권 한 권 새 책을 책꽂이에 꽂을 때마다 가슴이 뿌듯해지는 것을 느꼈다. 아직 책을 읽기 전이었지만 꽂혀 있는 책을 보며 무엇부터 읽을까를 생각하니 소풍 가기 전날 아이처럼 마음이 설레기까지 했다.

고민 끝에 표지가 제일 마음에 드는 것부터 읽기로 했다. 어차피 정해진 독서법은 없다고 미옥도 말했다. 독서 습관을 잡는 것이 우선이기에 흥미를 느끼며 책을 읽으면 그것으로 족하다고도 했다.

'그래, 어차피 내 책인데 내 멋대로 골라도 되는 거지 뭐.'

저절로 마음속에서부터 기쁨의 미소가 퍼져 나왔다. 만약 현지가 이 모습을 봤다면 진저리를 치며 당장 느끼한 미소를 멈추라고 소리쳤겠지만 현지는 아까부터 방 안에 들어오기는커녕 방문 가까이에 얼씬도 하지 않았다.

방 한구석에는 풀지 못한 이삿짐 박스가 쌓여 있었지만 책으로 가득한 책꽂이가 놓인 벽을 보니 자신의 방도 이만하면 괜찮다는 생각마저 들었다. 밥 먹자는 어머니의 목소리가 들렸다. 손에 들고 있던 책을 아쉬운 듯 내려놓고 방문을 열고 나가면서도 현성의 얼굴에선 아이 같은 미소가 사라지지 않았다.

100일 33권 독서를 성공시키는 7가지 팁

알람소리에 눈을 번쩍 떴다. 아침 독서를 위해 평소보다 한 시간 일찍 시계를 맞추고 잤다. 오늘은 100일 33권 독서를 시작하는 첫날이었다. 며칠 전 미옥에게서 메일이 왔다. 100일 33권 독서를 성공시키는 일곱 가지 팁이 빼곡하게 적혀 있었다.

현성, 100일 33권 프로젝트! 마음의 준비는 되었겠지?

아래에 쓴 일곱 가지는 지난번에 이야기한 것을 정리한 거야. 가장 중요한 것은 '삶을 바꾸는 독서'를 해야 한다는 것! 그러기 위해 우선 독서 습관을 만들어야 한다는 것도 잊지 말고. 자신을 믿고 용기를 내. 미래는 행동하는 자의 것이니까.

추신 : 세 번째 미션을 성공한 걸 미리 축하할게. ㅋㅋ

100일 33권 독서를 성공시키는 일곱 가지 팁

1. 표지든 작가든 내용이든 마음에 끌리는 책 33권을 산다.
2. 책꽂이를 산다.
3. "오늘도 나는 책을 읽는다!"를 매일 아침과 잠들기 전, 소리 내어 세 번 이상 말한다.
4. 다이어리나 노트에 매일 독서 일기를 쓴다. 책 제목과 읽은 페이지도 간단히 기록한다.
5. 아침 독서 한 시간, 저녁 독서 한 시간, 출퇴근 독서 30분을 엄수한다.
6. 근무 시작 전 5분, 점심시간 5분을 이용해 매일 명언집을 읽는다.
7. 반드시 평균 일주일에 두 권 이상을 읽는다.

메일 내용 중에 1번과 2번은 완료한 상태였다. 매일 해야 하는 것들 중에 3번부터 시작했다.

"오늘도 나는 책을 읽는다!"

"오늘도 나는 책을 읽는다!"

"오늘도 나는 책을 읽는다!"

목소리에 힘을 주어 세 번을 말했다. 그러자 신기하게도 정말 오늘 하루 정해진 시간에 책을 열심히 읽을 것 같은 기분이 들었다. 현성은 두근거리는 마음으로 책장을 펼쳤다. 첫 번째 책으로 고른 것은 자신이 하고 싶은 일이나 해야 할 일이 있는데도 핑계를 대면서 미루기만 하는 습관의 이유와 대처 방법에 대해 심리학적으로 가볍게 풀어 쓴 책이었다. 재미있는 실화를 바탕으로 흥미롭게 서술한 책이다 보니 아침 한 시간이 금방 지나갔다. 아들을 깨우려고 방문을 두드리는 어머니의 목소리가 들렸다.

"일어났니? 밥 먹어라."

"네. 나가요."

바로 문을 열고 나오는 현성을 보며 정작 놀란 사람은 어머니였다.

"밤샜어?"

"아니. 왜요?"

"부르자마자 아침 밥상머리에 앉는 건 처음이니까 그렇지."

"일찍 일어났어요. 책 좀 읽으려고."

이사 온 후로 식탁을 놓을 자리도 없어 부엌에 작은 교자상을 펴 놓고 밥을 먹었다. 구부정한 어머니의 어깨를 바라볼 때마다 가슴이 아팠다. 당장은 빚을 갚는 것도 힘들었지만 자신이 더 노력해서 조금이라도 편하게 해드리고 싶었다.

"책 읽는다는 거 정말이었냐?"

"그럼 설마 장식용으로 샀을까 봐요."

"살다 보니 별일이다. 학교 다닐 때도 만화만 보던 네가 책을 다 읽고."

"그러게 말이에요. 나도 나한테 놀라는 중이에요."

일찍 일어나 집중해서 책을 읽은 덕분인지 그 어느 때보다 밥맛이 좋았다. 어머니는 연신 반찬을 앞으로 밀어주며 맛있게 밥 한 그릇을 뚝딱 비우는 아들을 흐뭇하게 바라보았다.

출근길 전철을 타자마자 아침에 읽던 책을 펼쳐 들었다. 앞에 앉은 여성이 책 제목과 자신을 흘깃 바라보는 것이 느껴졌다. 현성은 짐짓 지적인 표정으로 몰두해서 책을 읽기 시작했다.

'흠, 나 이런 책도 읽는 사람이야.'

전철의 적당한 소음과 움직임은 오히려 집중하기에 더 좋았다. 이상한 일이었다. 이번에도 30분이 후다닥 지나가서 하마터면 내릴 역을 지나칠 뻔했다. 회사로 가는 길에 현성은 자신도 모르게 싱글벙글 미소를 짓고 있다는 것을 깨달았다. 책은 생각보다 훨씬 더 재미있었다.

퇴근길에도 당연하다는 듯 손에 책을 들었다. 전철은 아침 출근길보다 붐볐지만 책을 못 읽을 정도는 아니었다. 무엇보다 책의 뒷부분이 궁금해서 참을 수가 없었다. 어떻게 이렇게 사람의 마음을 끌어당기게 썼는지 작가라는 인간은 참으로 신기하다는 생각조차

들었다.

책을 읽다 보니 평소 자신이 왜 그렇게 게으름에 온갖 이유를 붙여왔는지 어렴풋이 이해되었다. 항상 그럴듯한 이유가 있었지만 그것은 정말로 핑계에 불과했다. 그리고 그 핑계의 달콤함에 빠져 깊은 잠에서 깨어나질 못했던 것이다. 조금만 더 일찍 정신을 일깨우는 이런 책을 읽었더라면 자신이 이렇게 되지 않았을지도 모른다는 생각마저 들었다.

'지금 와서 후회한들 뭐하겠어. 더 늦기 전에 책을 읽게 된 것에 감사해야지.'

집에 도착했을 때도 늦은 시각이었지만 현성은 한 시간 독서를 지켰다. 그리고 잠들기 전에 간단히 독서 노트를 썼다. 날짜를 쓰고, 책 제목을 쓰고, 오늘 하루 읽은 곳까지 페이지를 적어두었다. 370쪽이 넘는 책이었는데도 틈틈이 100쪽 가까이나 읽었다. 이런 속도라면 정말로 3일에 한 권 읽는 것이 가능할 것 같았다.

'정말 불가능이란 없구나.'

오늘 회사에서 점심시간에 읽은 글귀는 나폴레옹의 '내 사전에 불가능이란 없다'는 말이었다. 그저 위인이니까 할 수 있는 말이려니 하고 피식 웃어넘겼는데 하루 동안 성실하게 독서를 하니 용기와 힘이 솟아났다. 겨우 하루 열심히 독서를 했을 뿐인데도 기분이 날아갈 것 같았다. 미옥에게 전화를 해서 아이처럼 자랑하고 싶을 정도였다.

이렇게 하루하루를 보내면 '100일 33권 독서'도 단지 무모한 계획만은 아닐 듯싶었다. 현성은 시계의 알람을 확인하고 불을 껐다. 그리고 잠들기 전 어둠속에서 소리 내어 말했다.

"오늘도 나는 책을 읽는다!"

"오늘도 나는 책을 읽는다!"

"오늘도 나는 책을 읽는다!"

기분 좋은 변화의 바람

무덥던 여름 더위가 한풀 꺾이고 아침저녁으로 선선한 바람이 불기 시작했다. 낮에는 여전히 더웠지만 한여름 습기가 걷힌 초가을 공기는 투명하게 느껴졌다. 월초부터 시작한 독서가 3주째 접어들고 있었다.

현성의 독서는 꽤나 순조로웠다. 잔잔한 바다에 몸을 실은 여유로운 배는 아니더라도 처음 겁먹었던 것에 비하면 큰 역풍 없이 책을 읽을 수 있었다. 중간에 꾀가 나거나 힘들 때에는 영만을 떠올리며 각오를 새롭게 했다. 절대로 영만처럼 전락하고 싶지는 않았다.

하지만 계속해서 책을 읽을 수 있었던 가장 큰 원동력은 무엇보다 책이 재미있기 때문이었다. 어떤 날은 다음 날 회사에 출근해야 하는 것도 잊고 뒷부분이 궁금해서 새벽 늦게 잠든 적도 있었다.

'이런 세상이 있구나!'

책을 읽을 때마다 그저 놀랍기만 했다. 무엇을 읽어야 할지 몰라서 재미있어 보이는 것 위주로 샀던 책이었다. 그때그때 마음 가는 대로 집어서 읽는 것뿐이었는데 어느 것 하나 새롭지 않은 것이 없었다. 책은 미지의 세계였고, 독서는 흥미로운 탐험과 같았다.

주말에도 책을 손에서 놓지 않았다. 가끔 예전 습관대로 텔레비전 예능 프로그램이나 인터넷 서핑 혹은 휴대전화 게임에 대한 충동적인 욕구가 샘솟았지만 한 시간을 넘기는 법이 없었다. 아무 생각 없이 텔레비전을 보는 것보다 책을 읽는 것이 훨씬 더 재미있었다.

현성의 변화에 어머니와 현지는 여전히 이상하다는 반응을 보였지만 별말은 없었다. 처음엔 커피 값이 아까웠지만 주말엔 가끔 카페에 가서 책을 읽기도 했다. 애인에게 선물을 하거나 친구들과 술을 마시는 일도 거의 없으니 이 정도는 자신을 위해 써도 된다고 스스로 위안을 삼았다.

들고 갔던 책을 카페에서 다 읽고 오는 날에는 스스로도 큰 만족감을 느꼈다. 그런 날 저녁엔 삼겹살을 사서 어머니와 현지와 함께 구워 먹었다.

"오빠, 책을 읽더니 부쩍 철이 든 것 같아. 사람 됐어."

한입 가득 쌈을 싸서 먹으며 현지가 놀렸다.

"고기 먹으니 좋냐?"

현성의 농담에 현지가 까르르 웃으며 고개를 끄덕였다.

"고기님은 진리지. 오빠, 앞으로 책 좀 더 많이 읽어라."

"내가 책 읽으면 손에 장 지진다고 했던 사람이 누구더라?"

"헤헤, 쌈장 여기 있어."

"손도 내놔봐."

"진짜 지지게?"

"네 손이 무슨 된장찌개냐? 고기나 더 먹어."

저녁 식사 내내 웃음이 끊이지 않았다. 어머니가 보글보글 끓는 된장찌개를 상에 내려놓았다. 세상에서 가장 맛있는 저녁 식사였다.

책, 너는 내 운명

신임 사장의 취임이 다음 달 초로 정해지면서 회사 분위기는 눈에 띄게 어수선해졌다. 직원이 두 명 이상만 모여도 신임 사장과 그의 독서 경영이 화제에 올랐다. 추측과 가정의 말들이 오갔지만 지금과는 전혀 다른 혁신의 바람이 불 것이라는 데는 의견이 일치하고 있었다.

앞으로 어떻게 될지 불안해하는 직원들도 많았다. 안 그래도 회사 사정이 어려워져서 구조조정을 피하지 못할 것이 확실한데 독서 경영이 어떤 식으로 영향을 미칠지 한 치 앞도 내다볼 수 없었기 때문이었다.

그러나 이런 분위기에도 불구하고 현성은 내심 쾌재를 불렀다.

우연인지 필연인지 알 수 없었지만 신임 사장이 바로 '독서 경영'으로 유명한 '엄한'이었던 것이다.

엄한이 누군가. 친구인 명훈이 읽고 있었고, 미옥이 선물로 주었던 바로 그 책에서 만났던 인물이 아니던가.

'이건 운명이야. 내가 아직 이 회사에 필요한 인물이라는 계시라고!'

겨우 책 몇 권 읽은 것으로 이런 생각을 하는 것은 시기상조일지 모른다고 생각했지만 하여튼 책을 읽기 시작한 현성에게 나쁜 일은 아닐 것 같았다. 현성이 읽은 바에 의하면 엄한은 무조건 독서를 제일의 가치로 생각하는 사람이었다. 독서 경영으로 가는 회사마다 새바람을 일으키며 적자에 허덕이는 기업을 혁신적으로 살려낸 것으로도 유명했다.

'분명히 이번에도 독서를 강조하겠지. 아, 먼저 책을 읽기를 잘했어. 안 그랬으면 뒤통수 맞을 뻔했잖아.'

책에 쓰인 대로라면 인사고과에도 독서를 포함시켰다고 했다. 그뿐만 아니라 일주일에 한 권 이상 독서 리뷰를 써내게 해서 처음엔 반발도 컸지만 점점 책 읽는 분위기가 사내에 조성되고 사원들이 독서를 하면서 성과가 나기 시작했다고 했다. 그리고 결과는 지금도 업계에서 전설로 회자될 만큼 놀라웠다.

신임 사장의 경영 마인드로 보아 독서 경영은 기정사실이었다.

사원들 거의 대부분이 아직 부임해 오지도 않은 엄한의 책을 읽은 듯했다. 책 이야기는 어디서든 화제였다.

"안 그래도 일에 치여 죽겠는데 이젠 책까지 읽어야 하는 거예요? 누구 죽으라는 건가. 책 읽을 시간이나 있을까 모르겠어요."

제일 먼저 투덜거린 사람은 마케팅팀의 막내 사원이었다.

"시간이 없어서 책을 못 읽나? 밥 먹을 시간이 있으면 책 읽을 시간도 있지."

훈수를 둔 사람은 난희였다.

"유 대리님은 밥만큼 책을 좋아하시니까 그런 말을 하시는 거예요. 저는 그렇다 쳐도 고 대리님도 참 큰일이겠네요."

묘한 짓궂음이 느껴지는 말이었다.

"물귀신 작전이야? 왜 애꿎은 고 대리까지 끌고 들어가?"

"척 보면 알죠. 고 대리님, 책 안 읽으시죠?"

당당하게 "나 책 읽는다!"라고 말하고 싶었지만 이제 겨우 첫 걸음마를 뗀 아기가 "나 달릴 수 있어요!"라고 하는 것 같아 현성은 그저 애매하게 웃을 뿐이었다.

때론 책보다 한마디의 조언이

"고 대리, 잠깐 나 좀 볼까."

점심시간이 끝날 무렵에 마 팀장이 현성을 불렀다. 현성은 가슴이 덜컹 내려앉았다. 자라 보고 놀란 가슴 솥뚜껑 보고도 놀란다고, 팀장이 부르면 자신도 모르게 조건반사처럼 놀라기부터 했다. 팀을 이동한 후 공식적으로 마 팀장이 현성에게 이렇다 저렇다 말한 적은 없었다. 업무 파악이 어느 정도 될 때까지 두고 보자는 생각이었는지도 모른다.

"어때? 일은 익숙해졌나?"

"아, 네. 아직은 팀원들의 도움을 많이 받고 있습니다."

"그럴 테지. 가장 어려운 일이 뭔가? 내가 설명해줄 수 있는 것이라면 도와주지."

"네?"

현성은 멍하니 마 팀장을 바라보았다. 생각하지도 못한 말이었기 때문이다.

"뭘 그렇게 놀라나? 자네는 이제 나랑 한솥밥 먹는 식구나 마찬가지야. 업무에 익숙해지도록 돕는 것이 당연하지. 그동안 회사 내부 사정이 바빠서 자네를 잘 챙기지 못했네."

"아, 아니, 팀장님은 워낙 바쁘시잖아요. 제가 좀 더 열심히 했어야 했는데 부끄럽습니다."

솔직한 마 팀장의 태도에 현성은 자신도 모르게 꾸벅 고개를 숙이고 말았다. 무서울 것이라고만 생각했던 마 팀장에게 이런 다정한 면이 있었다니, 역시 사람을 소문으로만 평가할 것은 아니라고 생각했다.

마 팀장은 현성에게 업무와 관련한 노하우를 정확하게 짚어주었다. 자신이 두 달 가까이 좌충우돌하며 배운 것보다 두 시간 동안 마 팀장에게 들은 이야기가 훨씬 더 깊게 맥을 짚어주었다. 현성은 새삼 마 팀장의 해박한 식견과 논리 정연한 이론에 감탄했다. 과연 '마의 오성'이라는 별명은 카리스마와 불같은 성미에만 해당되는 것이 아니라 놀라울 정도의 업무 파악 능력과도 연관 있는 것 같았다. 이야기를 마무리하며 마 팀장이 현성에게 물었다.

"마케팅의 핵심이 뭐라고 생각하나?"

핵심을 찌르는 질문이었지만 현성은 정확히 대답할 말을 찾지 못했다.

"상품 판매라고 생각합니다."

자기가 대답해놓고도 '초딩' 수준이라고 느꼈다. 쥐구멍으로 들어가 머리를 쥐어뜯고 싶었다.

"그게 일반 영업과 뭐가 다르다고 생각하나?"

"……."

"큰 그림을 먼저 봐야 하네. 자신이 맡은 업무에만 매달리면 시야가 좁아져서 더 나은 결과를 만들기 어렵지. 현실적으로 업무 능력을 향상시키는 것도 중요하지. 그러나 자신이 하고 있는 일의 핵심, 즉 업의 본질을 깊이 고민해보게. 그러면 자연스럽게 일의 흐름을 파악하고 적재적소에 배팅하는 법을 배울 수 있을 거야. 낚시 좋아하나?"

마 팀장의 뜬금없는 질문에 현성은 얼떨결에 "아뇨"라고 대답하고 말았다.

"하하하. 언제 한번 같이 가지."

그렇게 대화가 끝났다. 현성은 갑자기 튀어나온 낚시 이야기에 고개를 갸웃거렸지만 귀중한 이야기를 들은 것만으로도 다행이었다. 그러나 '마의 오성'은 마냥 부드럽기만 한 상사가 아니었다. 현성이 기대에 못 미친다면 그는 악마가 들고 있을 법한 커다란 낫을 가차 없이 휘두를 것이었다. 현성은 자리로 돌아와 마 팀장의 말을 곰곰이 되씹어보았다.

'업의 본질을 고민하라고? 마케팅의 핵심을 파악하라는 의미인가?'

지금으로선 감조차 잡을 수 없었다. 마 팀장은 큰 그림을 보면서 흐름을 파악하라고 했다. 머리로는 자신도 알고 있는 것이었다. 일할 때는 자료를 수집하는 것도 중요했지만 전체 흐름을 파악해서 어떻게 해석하느냐가 더 중요했다. 하지만 제대로 흐름을 파악하는 것은 어려운 일이었다. 자기만의 안목을 길러야 보이기 때문이었다.

'결국 문제는 어떻게 안목을 기를 것이냐구나.'

여기까지 생각하고 현성은 한숨을 내쉬었다. 자신에게는 그런 재능이 없는 것 같았기 때문이다. 아무리 노력해도 타고난 사람을 이기지는 못한다고 생각했다. 정말로 재능을 타고나는 사람은 따로 있는 것 같았다.

예를 들면 필립이 그랬다. 현성이 수백 가지 자료를 모아 몇 달에 걸쳐 분석하고 파악한 내용을 그는 단지 훑어보는 것만으로도 정확하게 핵심을 짚어냈다. 동물적 직감이라고나 할까. 그럴 때마다 번번이 느꼈던 좌절감이 떠올랐다.

자신과는 관계없는 사람이라서 아무 생각 없이 동경만 할 수 있었다면 마음은 편했을 것이다. 하지만 필립과 그는 팬과 스타의 관계가 아니었다. 동료이자 경쟁자였다. 그러나 그것을 알면서도 현성은 피나는 노력으로 그를 극복하려는 생각조차 하지 않았다. 자신이 뛰어넘을 수 없는 벽이라고 생각하고 그저 체념하고 있었던 것이다.

가장 중요한 것은 남과의 비교가 아니라 자신과의 비교였다. 어제의 나보다 오늘의 나는 더 나아졌는가, 예전의 나보다 지금의 나는 실력이 더 좋아졌는가. 머리로는 질문을 던져도 가슴으로 답을 얻지는 못했다. 겉으로는 자신감에 넘친 듯 행동했지만 내면에선 열등감에 시달렸다. 그러나 다행히도 지금 현성은 조금 다르게 생각할 줄 알았다.

'나보다 뛰어난 사람이 주변에 많다는 건 고마운 일이다. 그들로 인해 내가 계속 달릴 수 있으니까. 역시 레드 퀸의 말은 옳았어.'

예전에는 이런 식으로 생각하진 않았을 것이다. 현성의 마음속에서 서서히 변화의 바람이 일고 있었다.

독서에도 슬럼프가 있다고?

분명히 알람을 맞추고 잤는데도 늦잠을 자버렸다. 눈을 뜨자마자 습관처럼 "나는 오늘도 책을 읽는다!"를 세 번 말했지만 자리에서 일어나는 순간 머리가 지끈거리며 아팠다. 아침 기온이 뚝 떨어지는 환절기여서인지 감기에 걸린 것 같았다.

오늘은 신임 사장의 취임식이 있는 날이었다. 아침밥도 먹는 둥 마는 둥 평소보다 서둘러 일찍 나서야 했다. 아침 독서는 생략할 수밖에 없었다. 전철 안에서도 책을 꺼내 들었지만 머리가 아파서 몇 페이지 읽다가 포기하고 선 채로 눈을 감았다.

최근 며칠 동안 아침 독서를 거르는 일이 종종 생겼다. 출퇴근 시간에도 오늘처럼 집중이 안 돼 책을 못 읽을 때가 많았다. 주말이나 저녁에 겨우 보충을 했지만 지난달 100일 독서를 처음 시작했을 때만큼 탄력이 붙지 않아 마음 한편이 초조해지고 있었다. 업무는 점점 늘어만 가고 시간은 한정되어 있으니 서서히 지치기 시작했다.

오전 업무가 시작되고 얼마 지나지 않아 사내 방송이 흘러 나왔다. 신임 사장의 취임사가 있겠다는 안내가 끝나자 이내 목소리가 나왔다.

"사장 엄한입니다. 여러분과 함께 일하게 되어 진심으로 기쁘게 생각합니다."

사람의 마음을 순식간에 잡아끄는 목소리였다. 강직하면서도 깊이가 있는 목소리란 바로 저런 목소리를 말하는 것이었다.

'어떤 일을 하고 어떤 삶을 살아야 저런 목소리를 갖게 될까?'

현성은 솔직히 부럽다는 생각이 들었다. 목소리만으로도 좌중을 압도할 수 있다니, 놀라운 일이었다.

"제가 하고 싶은 이야기는 독서 경영의 가치입니다. 앞으로 저는 우리 회사를 독서하는 회사로 변화시키고 싶습니다. 책은 단순한 정보의 집합체가 아닙니다. 수많은 학자와 저술가들은 자신의 온 생애를 바쳐 진리를 찾고 이를 책에 담아냅니다. 과학자, 수학자, 예술가, 경영인, 정치인들도 마찬가지입니다. 왜일까요? 단순히 저자로서 이름을 남기고 싶어서일까요? 아닐 겁니다. 진정한 이유는 자신의 책무를 잊지 않았기 때문입니다."

사장의 이야기는 점점 열기를 띠어갔다. 조용한 사무실 안에 오직 사장의 목소리만 울려 퍼졌다. 모두 사장의 취임사에 동화되어 진지해져가는 것이 느껴졌다.

"독서의 중요성은 아무리 강조해도 지나치지 않습니다. 그러나 강조만 하고 끝내면 아무 의미가 없겠지요. 다음 주부터 모든 사원들의 독서 현황을 알 수 있도록 사내 독서 사이트를 운영할 것입니다. 모든 직원은 의무적으로 자신이 읽은 책에 대한 서평을 올려주십시오. 권수도 분량도 개인의 재량입니다만, 대학 리포트를 쓰듯 어딘가에서 베껴온 글은 양심껏 지양해주시기 바랍니다. 석 달간의 시범 기간을 거쳐 내년 2분기부터 본격적으로 인사고과에 반영할 방침입니다. 개인 독서 블로그를 만들어도 좋습니다. 앞으로 책을 읽지 않는 직원, 독서 경영의 가치를 몸으로 느끼지 못하는 사원이 있다면 계속 이곳에서 일을 할 수 있을지 심각하게 고려하셔야 할 겁니다."

생각보다 엄격한 방침이었다. 모두 걱정스러운 얼굴로 서로를 쳐다보았다. 당황한 기색이 역력했다. 사장의 취임사가 끝나자마자 동요한 팀원들을 바로잡듯 마 팀장이 진지하게 말했다.

"모두 사장님의 취임사 잘 들었죠? 자세한 것은 내일 오전까지 사이트에 올라올 예정이니 참고 바랍니다. 새로운 일이라 동요가 클 줄 압니다. 하지만 우리 회사가 계속 살아남기 위해서는 사장님과 독서 경영의 가치를 함께하는 것이 중요합니다. 모두 도전 정신을 키웁시다. 자, 지금은 다들 일들 하시고요."

사장의 취임사를 듣고 가뜩이나 무거워진 마음에 불안한 분위기가 이어져 일을 어떻게 했는지도 모를 정도로 어수선한 하루였다.

신임 사장이 오기 전에는 늦게까지 남아 야근을 하는 경우가 많았지만 오늘은 다들 정시에 퇴근을 하고 현성 혼자 사무실에 남았다. 휴대전화가 울렸다. 낯선 번호였다. 귀찮으니 받지 말까 하다가 문득 아버지일지도 모른다는 생각에 급하게 전화를 받았다.

"여보세요?"

"……현성아……애비다."

"아버지! 지금 어디 계세요? 건강은요? 어머니한테는 연락하셨어요?"

"내가 참 면목이 없다……. 어떻게 해서든 다시……."

"아버지……."

"걱정 마라. 애비는 잘 있다. 내 다시 전화하마. 어머니랑 현지 잘 부탁한다."

집으로 돌아오시라는 말을 할 틈도 없이 전화가 끊어졌다. 짧은 통화였다. 아버지가 집으로 돌아온들 상황이 나아질 것은 없었다. 오히려 안 보면 모를까 집에서 마주치면 정신적으로 더 힘들지도 몰랐다.

그래도 아버지였다. 자신에게 큰 짐을 지웠지만 비가 오거나 날이 굿으면 한뎃잠을 주무시는 건 아닐까 하는 생각에 목울대가 울컥했다. 가족이 한집에 다시 모여 살 수 있는 날이 언제일지, 과연 그런 날이 오기나 할지, 끝도 없이 한숨이 나왔다. 갑자기 피로감이 물밀듯 밀려왔다.

'내가 과연 잘하고 있는 걸까? 내 처지에 책이라니, 사치가 아닐까? 열심히 책을 읽는다고 한들 과연 나아지는 게 있을까? 아직 늦지 않은 걸까? 달리고 또 달리면 이곳과는 다른 곳에 다다를 수 있을까? 그곳은 과연 여기보다 나은 곳일까?'

의심과 회의가 꼬리에 꼬리를 물었다. 어쩌면 이런 노력도 헛된 것이고 결국 자신의 운명은 정리 해고이거나 권고 사직이거나 운이 아주 좋아야 지방 소도시의 지사 영업부일지도 모른다는 생각이 들었다.

지금껏 해온 독서가 다 헛것 같았다. 책 몇 권 읽었다고 완전히 다른 인간으로 변할 것이라고 믿었다니 망상도 이런 망상이 없었다.

'내 인생을 바꾼 한 권의 책? 세상에 그딴 게 어디 있어.'

자기 자신의 머릿속에 뭐가 들었는지, 왜 마음이 하루에 열두 번도 더 바뀌는지, 하다못해 새끼손가락은 어떻게 구부러지는지조차 모르는 게 인간이었다. 세상 그 무엇보다 복잡하고 미스터리한 존재가 나 자신인데 어떻게 책 몇 권으로 새로운 인간으로 바뀌길 기대한단 말인가.

'내가 미쳤지……. 친구 녀석 말만 믿고 홀라당 정신이 빠져서는…….'

어디선가 음악 소리가 들렸다. 많이 들어본 소리 같았지만 생각하는 것도 귀찮았다. 다시 똑같은 음악 소리가 들렸다. 그제야 자신의 휴대전화 벨소리라는 것을 알았다.

"현성? 마침 받았네. 한 번만 더 걸고 안 받으면 문자 보내려고 했어."

미옥이었다. 다른 때 같으면 반가웠겠지만 오늘은 그럴 힘도 없었다.

"네. 무슨 일이에요?"

"특별한 건 아니고. 그런데 목소리가 왜 그래?"

"목소리가 어때서요?"

"내가 머리 망했을 때 내는 소리랑 똑같아서. 너, 슬럼프냐?"

"모르겠어요. 기운이 없어요. 요즘 책도 잘 안 읽혀요."

"슬럼프 맞네. 안 그래도 올 때가 된 것 같아서 전화해본 거야. 내가 딱 맞춰 전화했지? 당장 만나. 내가 엄청 맛있는 밥 사줄게."

* * *

미옥이 데려간 밥집은 소박하면서도 편안한 곳이었다. 정갈하고 맛있는 밥을 먹고 나니 조금 기운이 났다.

"슬럼프라는 것도 몰랐단 말이야?"

"그러게 말이에요."

"너도 참, 보기보다 둔하구나."

"그렇죠 뭐. 그래서 맨날 욕먹어요."

"누구한테?"

"욕쟁이 할매한테요. 대학 때부터 단골인 막걸릿집 할매예요. 저랑 명훈이한테는 가족 같은 분이죠. 그런데 욕이 거의 국보급이에요. 아주 예술이거든요. 한번 들으면 절대 못 잊을 만큼 강렬해요."

"그 욕 좀 해봐."

"에이, 흉내 내서는 맛이 안 나요. 직접 들어야 해요. 3D로 들어야 실감 난다고요. 나중에 같이 가요. 누나는 맘에 들어 할 게 틀림없어요. 할매 신나서 욕 한 바가지 하겠네."

실없는 농담을 주고받다 보니 점점 마음이 가벼워졌다. 동생인 현지가 스트레스를 받으면 친구들과 한 시간이고 두 시간이고 전화통화를 하는 것을 이해하지 못했는데 지금은 이런 소소한 이야기를 나누는 것이 얼마나 마음을 가볍게 하는지 알 것 같았다. 새삼 미옥에게 고마운 마음이 들었다. 때 맞춰 전화를 걸어준 것도 고마웠지만 자신이 독서 슬럼프인 것을 알면서도 책 이야기를 굳이 꺼내지 않는 것이 더욱 고마웠다.

"고마워요."

"뭐가?"

"분명히 책 안 읽는다고, 그까짓 슬럼프도 극복하지 못하면서 무슨 인생을 변화시킨다고 그랬냐고, 그렇게 의지가 약해서야 어디에 써먹겠냐고, 이럴 거면 시작하지도 말지 그랬냐고, 엄청 혼날 줄 알았거든요."

"그럼 혼내도 돼?"

"네?"

"하하하. 농담이야. 내가 말 안 해도 다 알고 있잖아."

미옥이 사람 좋은 웃음을 지으며 말했다. 미옥의 미소에 힘입어 현성은 속내를 털어놓았다.

"지금까지 10권 정도 책을 읽었지만 제가 실제로 변한 것인지 어떤 건지 잘 모르겠어요. 일도 생활도 눈에 띄게 나아진 점이 없는 것 같고요. 독서에 정말로 인생을 변화시킬 힘이 있는지 자꾸 의심이 들어요. 재미로만 읽는 책이 무슨 의미가 있나 싶기도 하고요."

"적어도 재미는 느낀 거네?"

"네. 예전엔 몰랐던 새로운 세계를 맛보는 느낌이랄까. 책이 정말 재미있다고 생각할 날이 올 줄은 상상도 못 했거든요. 책에 빠져 있다가 전철에서 내리지 못한 날도 있었으니까요."

"와우, 만세! 그것만으로도 엄청난 변화잖아. 축하해!"

미옥이 술잔을 들어 현성의 잔에 가볍게 부딪쳤다. 책을 읽는 것만으로 칭찬을 받을 줄은 몰랐는데 막상 미옥의 말을 듣고 보니 기분이 좋았다.

"컵에 물을 채운다고 생각해봐. 처음 한두 방울 정도로는 눈에 띄지도 않겠지. 바닥과 중간은 조금 차이가 있을지 모르지만 어차피 컵을 채우지 못했다는 점에선 마찬가지일 거야. 그러나 반만 채운 후에 변화가 느껴지지 않는다고 포기하지 않고 한 방울 한 방울 마지막까지 부어 넣는다면 어떻게 될까?"

"컵을 가득 채우고 흘러넘치겠죠."

"바로 그거야. 그래서 어떤 일이 있어도 날마다 컵에 물을 채우는 습관이 필요한 거야. 그런데 재미가 없으면 머리로는 알아도 잘 안 되잖아. 한두 번 하다가 그만두기도 쉽고. 그래서 습관의 힘에 의지하는 것이 필요해. 지루하고 하기 싫고 힘들어도 어쨌든 물을 붓다 보면 컵엔 물이 점점 차게 되어 있지. 그러면 어느 순간 또 재미가 생겨. 처음 재미를 느끼다가 지루해진 순간, 거기에서 그만두지 않고 계속 해나가면 습관이 되지. 확고한 습관을 갖는 게 중요한 이유는 설령 자신의 눈에 보이지 않더라도 분명히 어제보다 오늘 나아지고 있다는 믿음과 희망, 그리고 끝까지 해보려는 의지가 생기기 때문이야."

"독서도 마찬가지라는 건가요?"

"그래. 노력과 결과는 결코 동떨어진 게 아니지만 항상 일치하진 않지. 노력한 만큼 결과가 안 나오기도 하지만 노력 없이는 성공적인 결과도 없어. 그리고 자신의 피와 눈물이 섞인 노력으로 만들어낸 결과에서 뿜어져 나오는 힘은 어마어마하거든. 꼭 한번 그걸 경험해보길 바라. 삶에서 엄청난 일이 벌어질 테니까."

"……."

"단순하게 생각해서 회사를 경영하든 자기 업무를 하든 머릿속에 작은 책장 하나가 있는 사람과 도서관이 통째로 들어가 있는 사람 중 누가 일을 더 잘하겠니?"

작은 책장 같은 사람과 도서관 같은 사람. 그 차이는 너무나 분명하게 다가와서 독서 초보인 현성도 잠시 할 말을 잃고 생각에 잠길 정도였다.

'도서관 하나가 내 머릿속에 들어와 있다면.'

생각만 해도 엄청난 변화가 일어날 것임에 틀림없었다.

"그렇다고 도서관에 있는 책을 통째로 다 읽어야 한다는 건 아니야. 그럴 필요도 없고. 하지만 책을 읽으면 읽을수록 변화가 일어나는 건 확실해. 너도 많이 달라진 게 보이는걸."

"제가요? 어디가요?"

"얼굴이. 생기가 넘쳐."

"정말요? 제가요? 그렇게 보여요?"

"그렇다니까. 평생 속고만 살아왔나. 내가 칭찬은 잘해도 거짓말은 안 한다. 책을 읽은 순간부터 이미 변화는 시작된 거야. 컵의 밑바닥에 닿은 첫 번째 물방울이든 컵을 넘치게 하는 최후의 물방울이든 모두 똑같이 중요하잖아. 자신을 믿고 계속 컵을 채워."

자기 자신을 믿으라는 미옥의 말에 현성은 온갖 의문으로 들끓던 마음이 거짓말처럼 편해지는 것을 느꼈다.

"그런데 제가 슬럼프에 빠질 건 어떻게 알았어요?"

"때가 되었으니까."

"아!"

현성은 짧게 외쳤다. 미옥이 세 번째 미션을 말해주면서 언젠가 때가 되면 알려준다는 게 바로 슬럼프를 극복하는 방법이었던 것이다.

"대개 한 달이 고비거든. 그래도 넌 잘한 거야. 난 독서 시작 3일 만에 겪었는걸 뭐. 그리고 10일 후에 또 겪고, 한 달 후에 또 겪고. 나의 슬럼프는 세상에 없을 만큼 어마어마했지. 하하하하."

"원래 슬럼프가 그렇게 자주 오나요?"

"그렇기도 하고 아니기도 하고. 사람에 따라 다르지. 너무 걱정 마. 다 극복하는 방법이 있으니까. 그러나 슬럼프가 왔을 때 중요한 건 '아, 내가 지금 슬럼프구나' 하고 알아차리는 거야. 지루성 두피도 초기에 관리하면 빨리 잡을 수 있잖아. 슬럼프를 극복하는 방법은 자신 안에 있어. 빨간색 양말을 신고 주문을 걸든 달달한 초콜릿을 먹든, 뭐든 좋으니까 자신만의 극복 방법을 찾아봐. 그 재미도 쏠쏠하다고."

"누나는 어떻게 극복했는데요?"

"동경하는 헤어 디자이너 선생님들의 헤어숍을 매일 찾아가 나도 꼭 이렇게 될 거라고, 나도 할 수 있다고 주문을 걸었지. 그리고 돌아와서 다시 책을 읽었어. 그리고 나의 독서 스승님께 도움을 요청했고. 존경하는 사람을 만나 기운을 받는 게 제일 효과가 크더라고."

시종일관 먹기만 하던 미옥이 드디어 젓가락을 내려놓고 말했다.

"슬럼프 극복 방법으로 또 하나 강추하는 게 있는데 해볼래?"

"뭔데요?"

"너한텐 완전 특효일 거야."

기대감이 점점 높아졌다.

"염색하고 머리 좀 자르자. 지금 헤어스타일, 총체적 난국이야."

미옥이 당장이라도 가위를 꺼낼 기세로 말했다. 현성은 머리만 긁적였다.

슬럼프를 극복하는 특단의 조치

미옥이 알려준 슬럼프 극복 방법은 세 가지였다.

첫째, 멘토를 만난다.

둘째, 동지를 만난다.

셋째, 도서관에 간다.

"멘토가 없는 사람은 어떻게 해요?"

"주변에 책을 좋아하고 많이 읽는 사람을 만나면 돼. 그런 사람도 없을 땐 지금까지의 독서 과정을 돌아보며 처음 책 읽기를 시작했을 때의 기쁨과 즐거움을 다시 떠올려보는 것도 방법이지. 결국 슬럼프를 극복하는 세 가지 방법의 근본은 하나야. 내가 왜 독서를 시작했는가? 초심을 되찾는 것이지."

다행히 현성에게는 미옥이라는 독서 멘토가 있었다. 새삼 그것이 얼마나 큰 행운이고 감사한 일인지 생각했다. 미옥을 만난 것만으로도 현성은 초심을 되찾을 수 있었다. 자신을 지지하고 격려하며 끊임없이 용기를 주는 누군가가 있다는 것은 정말로 힘이 되는 일이었다.

미옥을 만나고 돌아온 날부터 한 달 동안 현성은 다시 독서에 박차를 가했다. 처음 시작했을 때와는 조금 달라진 기분이 들었다. 처음에는 아무것도 모르고 재미만으로 책을 읽었다면 두 번째 달부터는 좀 더 깊은 독서의 즐거움을 느끼기 시작한 것이다.

마음이 느슨해지면 명훈을 만났다. 슬럼프에 완전히 빠지기 전, 미옥의 말대로 초기에 알아차리고 다잡으면 이겨내기 훨씬 쉽다는 것도 깨달았다. 물론 헤어스타일도 새로 바꾸었다. 작은 변화를 주었을 뿐인데 기분이 한결 상쾌했다.

독서를 시작한 지 어느새 석 달째가 되어가고 있었다. 이제 열흘만 지나면 마늘만 먹던 곰이 사람으로 변하듯, 자신도 '독서 인간'이 될 것 같았다. 살아오면서 연애할 때를 빼고 이렇게 집중해서 뭔가를 꾸준히 해본 것은 처음이었다.

그만큼 보람도 컸다. 수시로 변덕스러워지는 마음을 돌려 책을 손에서 놓지 않는 노력을 한 결과는 생각보다 대단했다. 일을 대하는 태도마저 달라졌다. 얼마 전에는 마 팀장에게 칭찬도 들었다.

"고 대리! 드디어 흐름을 읽기 시작했군. 아직은 더 배워야겠지만 좋은 출발이야."

지나가는 듯 짧은 한마디였지만 현성은 어깨가 으쓱해졌다. 상사에게 받는 칭찬은 생각보다 더 큰 기쁨을 주었다.

책 읽는 즐거움을 알게 되자 다른 곳에 허비하던 시간이 줄었다. 친구들을 만나 술을 마시고 상사와 동료를 욕하는 일도 없었다. 이것저것 벌여만 놓았던 동호회 모임도 정리했다. 외롭다는 생각은 들지 않았다. 오히려 지금까지 자신이 얼마나 시간을 아깝게 흘려보냈나 하는 생각만 들었다.

그러나 기계가 아닌 이상 가끔은 휴식이 필요할 때도 있었다. 바로 요즘 같은 날들이 그랬다. 특히 아버지 생각을 하면 울적해질 때가 많았다. 사업에 실패하고 빚쟁이들에게 쫓기며 연락이 두절된 아버지에게 연락이 온 이후 몇 번 더 통화를 했지만 아버지는 여전히 조금만 더 기다리라고만 했다. 우울한 마음에 빠지지 않기 위해서라도 현성은 더욱 열심히 책을 읽었다. 적어도 책을 읽는 순간만큼은 어떤 생각도 들지 않았다.

* * *

토요일. 잠에서 깨자마자 늘 하던 말을 세 번 외친 후 일어나서 창문을 열었다. 이른 아침의 신선하고 맑은 공기가 방 안 가득 흘러 들어왔다. 기지개를 켜며 깊은 숨을 들이마셨다. 팔다리를 쭉쭉 늘려 펴면서 목을 돌렸다. 단순한 동작을 반복하며 몸을 움직이는 것만으로도 기분이 좋았다. 아침을 두둑하게 먹고 국립중앙도서관으로 향했다. 대학 때도 거의 가지 않던 도서관이었다. 시험 때나 가끔씩 들러서 잠만 자다 왔을 뿐이었다.

'인생 참 알 수 없다니까.'

뒤늦게 도서관에, 그것도 대학을 졸업하고 몇 년이나 지난 후에 자발적으로 오게 될 줄은 꿈에도 생각하지 않았다. 도서관에 가는 것이 슬럼프를 극복하는 세 번째 방법이었지만 지금까지는 한번도 쓰지 않았었다. 집에서 멀리 떨어진 도서관을 굳이 찾아가야 하나 싶었기 때문이었다.

그러나 100일 고지가 눈앞에 다가오고 있었다. 열흘이 남은 가운데 아직 세 권의 책이 남아 있었다. 33권을 무사히 완수하려면 막판 스퍼트를 올려야 했다. 그래서 오늘은 작정하고 도서관에 가는 길이었다.

"슬럼프가 얼마나 길었는지, 얼마나 깊었는지는 중요하지 않아.

지금 이 순간, 그것을 극복하고자 하는 마음이 얼마나 강한가가 더 중요해."

미옥의 말을 떠올리며 현성은 깊은 숨을 쉬었다. 작심삼일이라면 3일마다 다시 새롭게 결심하면 될 일이었다. 책을 읽어도 소용없다는 말을 하는 사람과는 이야기를 나누지 않으면 될 일이었다. 독서를 통해 자신을 시험해보고 한 뼘이라도 좋으니 자신의 한계를 넓혀보고 싶었다. 지금까지와는 다른 불꽃이 현성의 마음속에 조용히 일어나고 있었다.

국립중앙도서관으로 가는 길은 완만한 언덕길이었다. 생각에 잠겨 걷다 보니 어느새 도서관 입구였다. 도서관 건물은 한눈에도 웅장해 보였다. 자신이 다녔던 대학 도서관과는 비교도 안 될 정도였다.

'산 넘어 산이라고 해도 좋아. 책 넘어 책이라도 괜찮아. 언덕 넘어 도서관이면 어때. 힘들어도 마지막까지 나에게 기회를 줘보자.'

토요일이라 그런지 사람들이 제법 많았다. 열람실에 들어서는 순간, 현성은 그야말로 압도되는 기분을 느꼈다. 머릿속에 작은 책꽂이를 들인 사람과 거대한 도서관을 들인 사람 사이에 어떤 차이가 있을지 실감이 났다. 눈으로 직접 본 도서관의 책들은 어마어마했다.

'세상엔 이렇게 많은 책들이 있었구나!'

자신의 방에 놓인 33권의 책을 보면서도 매일 뿌듯했었다. 그러나 정작 자신의 독서는 새 발에 피였다는 것을 알게 되었다. 책들을 보고 있는 것만으로도 정신이 번쩍 들었다. 가슴이 뛰었다. 미친 듯 엔도르핀이 돌았다.

한 권의 책은 하나의 세상이었다. 도서관의 수많은 책들은 아직도 현성이 모르는 세상이 이렇게나 많다고 조용히 외치고 있었다. 그것은 좌절이 아닌 희열이었고, 절망이 아닌 희망이었다. 읽을 책은 얼마든지 있었던 것이다.

그리고 다행스럽게도 현성은 독서 습관을 착실하게 만들어가고 있었다. 두려울 것은 없었다. 그런데 지금까지와는 다른 의문이 떠올랐다.

'저렇게 많은 책들 중에 앞으로 무엇을 읽어야 하지?'

무엇을 읽을 것인가.

이제 막 독서에 눈뜬 현성 앞에 놓인 새로운 과제였다.

고수의
독서 코칭
1

: 독서 시간 만들기 :

책 읽을 시간이 없다고?

일상이 바쁜 것, 일이 많은 것이 중요한 게 아니다. 내 인생에서 중요한 일을 꼭 해내는 것. 그것이야말로 진정한 시간 관리이자 인생 관리임을 기억하자.

1. 노트에 지난달에 했던 중요한 일 중 베스트 5를 써본다

죽을 만큼 바빠서 죽어도 책 읽을 시간이 없다고 생각된다면 지난달에 했던 중요한 일들 가운데 '베스트 5'를 적어보자. 바로 생각나지 않는다면 목표 없이 바쁘게만 지내왔을 확률이 높다. 열심히 한다는 착각에 사로잡혀 목표 없이 아무 데나 마구잡이로 화살을 쏘지는 않았던가? 목표가 명확하면 무엇을 해야 하는지 몰라서 허비되는 시간이 줄어든다. 30분이든 한 시간이든 낭비되는 시간을 모아 책을 읽자.

2. 해야 할 일은 무조건 적는다

해야 할 일을 다이어리에 적어두는 것은 기본 중의 기본이다. 자신의 기억력을 믿지 못해서가 아니라 할 일을 한 번 더 읽어보는 과정에서 목표를 다시 확인할 수 있기 때문이다. 목표가 없으면 세부 사항을 제대로 점검하기 어려워지고 자신의 시간을 관리할 수 없게 된다.

아무리 사소한 일이라도 일단 적자. 적었다면 힘차게 팍팍 줄을 그어보자. 다음에 할 일이 무엇인지 아는 것만으로도 일의 진행 속도가 놀라울 정도로 빨라진다. 일의 속도를 앞당긴 후 남는 시간을 독서에 활용하자.

3. 지나친 일은 다시 적는다

할 일을 적은 후 줄이 그어지지 않은 목록은 다시 점검해보자. 하지 못한 일은 계속해서 다시 적는다. 이때 기계적으로 옮겨 적는 것이 아니라 왜 그 일을 하지 못했는지, 뒤로 미룬 원인은 무엇인지 파악하는 것이 중요하다.

만약 혼자 할 수 있는 일이 아니라면 일을 쪼개어 나누거나, 협력자에게 위임하거나, 방법을 변경할 필요가 있다. 하지 못한 일에 대해 걱정하느라 아까운 시간을 헛되이 보내지 말자. 하지 못한 일에 대해 확실하고 명료한 이유와 해결책을 찾는 것이 오히려 독서 시간을 버는 일이다.

4. 제한 시간을 정하고 시간을 재가면서 읽는다

책을 읽건 업무를 처리하건 항상 초 단위로 시간을 재는 습관을 들이자. 어떤 일을 하든 걸리는 시간을 정확하게 알아두고 다음에 같은 일을 할 경우 더 짧은 시간에 하거나 혹은 동일한 시간에 더 많은 일을 처리하도록 노력한다.

처음 독서 습관을 잡을 경우 50쪽까지 읽는 데 걸린 시각을 초 단위까지 기록한다. 읽기 시작한 페이지에 읽기 시작한 시각을 정확히 적고 마지막으로 읽은 페이지에도 같은 방법으로 시각을 표시해보자. 읽을 때마다 시간이 조금씩 줄어드는 것을 알게 될 것이다. 이것이 습관화되면 시간을 정해두고 책을 읽게 된다.

5. 즐겁게 읽는다

처음 독서 습관을 잡을 때 정해둔 목표에 도달하기 위해서라도 스스로에게 압박을 넣는 것은 필요한 일이지만 한계 이상의 스트레스는 주지 않는 것이 좋다. 독서 또한 목표와 기간을 정하고 집중해서 달성해낼 때 성취감이 가장 크다.

좀 더 행복한 삶을 위해 독서를 하는 것이므로 건강을 해치면서까지 무리하게 책을 읽을 필요는 없다. 이를 악물고 죽기 살기로 책을 읽는 것이 즐겁다면 그렇게 읽어라. 그러나 비장한 마음만으로는 목표에 도달하기 힘들다.

6. 우선순위에 독서를 넣는다

독서 습관이 잡히지 않은 경우 책을 읽는 일은 늘 우선순위에서 밀리기 마련이다. 책을 먼저 읽고 쉴 때 텔레비전을 보는 것은 어떨까? 운동을 좋아하는 사람이라면 책부터 읽고 운동을 하며 쉰다.

아무리 바쁘고 시간이 없어도 독서를 우선순위에 넣는다면 독서 습관을 보다 쉽게 잡을 수 있다. '중요한 일은 그 특성상 어렵다'는 문장을 기억하자. 어렵기 때문에 피하고 싶은 것이다. 그러므로 독서를 우선순위에 꼭 넣어두자.

…2부…

100권 독서로 최고 전문가로 거듭나다

처음 그 이상의 즐거움

"축하해! 정말 훌륭하게 해냈어."

"자식, 드디어 곰이 사람 됐구나."

미옥과 명훈은 현성을 만나자마자 환한 웃음을 지으며 다투어 안았다. '100일 33권 독서'를 무사히 끝내고 축하 파티가 열린 자리였다. 장소는 할매집이었다.

"이젠 하루라도 책을 안 보면 혀에 가시가 돋칠 것 같다니까."

현성의 너스레에 미옥과 명훈이 큰소리로 웃었다.

"지랄헌다. 영구놈이 책 좀 안 읽는다고 입안에 돋치기는 뭐가 돋치겠노? 술을 너무 처묵어서 혓바늘이 돋으면 모를까. 니는 아직도 곰이다, 곰."

할머니는 막걸리 주전자를 갖다 주며 타박부터 했지만 얼굴에는 웃음이 서려 있었다.

"할매는 보자마자 구박이야. 저 억수로 보고 싶었죠?"

"썩을 놈. 훈아, 이 빙충이가 오늘따라 와 이라노? 벙긋벙긋 웃는 게 미친 영구놈 같다 아이가."

"왜 명훈이는 훈이고 저만 만날 영구 빙충이 놈이에요."

"훈이야 장가가서 자식새끼 거느렸으니 가장 노릇하느라 힘들끼고, 니는 뭐 볼 게 있노."

현성과 투닥투닥 주거니 받거니 하는 할머니의 모습을 보던 미옥이 참지 못하고 웃음을 터뜨렸다.

"그런데 야는 누고? 아따, 가시나. 똑 깎아놓은 밤톨처럼 생겼다 아이가."

미옥은 벌떡 일어나더니 허리까지 구부리며 씩씩하게 인사했다.

"추미옥이라고 합니다. 영구놈 대하듯 편하게 여겨주세요."

"그라믄 니 나한테 욕 좀 얻어묵어야 할 낀데."

"실컷 묵으면 배부르고 좋죠 뭐."

미옥의 넉살에 할머니는 얼굴 가득 웃음을 띠고는 정답게 한마디를 툭 던졌다.

"썩을 놈이 오늘 또 하나 왔네. 술은 조금만 처묵으라."

명훈과 현성은 고등학생처럼 키들거리며 웃을 뿐이었다.

"누나, 큰일 났다. 우리 할매가 엄청 맘에 들어 하는 것 같아요."

"어떡한대요? 현성이보다 욕 더 먹게 생겼네."

둘은 한마디씩 하고는 다시 킬킬거리느라 술잔을 손에 들고도 마시질 못했다.

"하하하. 좋지 뭐. 자, 건배하자. 현성이가 100일 독서를 무사히 끝낸 것을 위하여!"

"위하여!"

세 사람은 목청도 우렁차게 외치며 술잔을 부딪쳤다. 동시에 깨끗한 원샷이었다. 누가 먼저랄 것도 없이 서로의 빈 술잔에 다시 술을 가득 채워주었다.

"100일 독서를 성공시킨 소감이 어때?"

"눈물 없이는 말할 수 없죠. 마늘만 먹고 산 곰의 심정을 누나가 알아요?"

미옥의 질문에 현성은 기다렸다는 듯 말했다.

"스스로 생각해도 제가 너무 장해요."

"내가 봐도 장한데 넌 오죽하겠냐."

미옥이 장난기 가득한 미소를 띠었다. 그동안 현성의 고군분투를 알고 있어서였다. 그래서 100일 동안 33권을 읽기 위해 필사적으로 노력한 것이 더욱 기특했다.

"누나랑 명훈이의 도움이 컸어요. 두 사람 아니었으면 여기까지 못 왔을 거예요."

"네 힘으로 해낸 거야. 넌 원래 의지가 있는 사람이었으니까."

"저런, 누나, 이놈한테 그렇게 좋은 말을 쉽게 해주면 안 돼요. 의지를 의지박약의 줄임말로 알고 있던 놈이라고요. 훌륭한 멘토를 만난 덕분이죠."

명훈이 미옥의 빈 술잔을 넘치도록 채웠다. 친구로서 현성이의 성공이 보기만 해도 뿌듯했다. 세 사람은 다시 한 번 유쾌하게 건배를 했다.

"처음 100일 33권 독서 얘기를 들을 땐 세상 놀란 얼굴이더니, 성공하고 나니까 할 만하지?"

"정신적으로 엄청난 힘이 느껴져요. 내가 죽어도 넘지 못할 거라고 생각한 큰 산을 하나 넘은 기분이랄까. 뭐든지 다 할 수 있을 것 같아요. 책에 대한 두려움도 없어졌고요."

"좋았어! 바로 그 기세로 나가는 거야!"

미옥이 호탕하게 웃으며 현성의 어깨를 두드렸다.

"그런데 끝내고 나니까 뭔가 허전하기도 한 것이……."

미옥과 명훈은 서로를 바라보며 씩 웃었다. 지금 현성이 느끼는 감정이 어떤 것인지 두 사람도 잘 알고 있었다. 미옥이 때를 놓치지 않고 물었다.

"뭔가 2퍼센트 부족한 것 같고, 그렇지?"

"네."

"뭐가 부족한 것 같아?"

"처음엔 재미있는 게 좋았는데 이젠 단지 재미만 위해 읽는 게 좀 허전해요. 독서 습관을 잡기 위해 아무거나 좋아하는 책을 읽은 건 잘한 일이지만……."

현성이 잠시 말을 멈추고 고개를 갸웃거렸다. 콕 집어 뭐라고 설명하기가 어려웠다. 이런 현성을 사이에 두고 미옥과 명훈이 눈빛을 교환했다. 이번에 입을 뗀 사람은 명훈이었다.

"독서가 취미인 사람은 많잖아."

"응. 많지."

"그런데도 삶은 별로 변화가 없는 사람도 많지."

"그래서 나도 단순히 취미로 책을 읽는 것 이상이 필요하다고 느꼈어."

"재미 이상의 독서를 원하게 되었다, 이 말이야?"

대화에 미옥이 끼어들었다.

"네. 초보 독서가 딱지를 겨우 뗀 주제에 이런 말을 하는 게 우습게 들릴지도 모르지만, 단순히 재미로만 책을 읽는다면 그게 게임을 하거나 텔레비전 예능 프로그램을 보는 것과 뭐가 다른가 싶어서요."

미옥은 잠자코 현성의 말을 들었다. 명훈이 씩 웃더니 미옥에게 말했다.

"어때요? 제가 제법 괜찮은 학생을 소개한 거 맞죠?"

"그러네."

"사람 보는 눈 하나는 정확하죠."

"오! 역시 윤 기자!"

미옥과 명훈이 술잔을 부딪쳤다. 현성은 영문을 몰라 두 사람을 번갈아 쳐다보았다.

"뭐야, 왜 둘이서만 마셔?"

"하하하. 감격스러워서 그런다."

명훈은 여전히 장난기 가득한 얼굴로 말했지만 속으로는 현성에게 감탄하고 있었다. 명훈도 100일 독서를 했었다. 그러나 현성처럼 100일 독서를 끝내고 뭔가 부족하다는 생각을 하진 않았다. 그저 읽고 싶은 책을 계속 읽으면 된다고 생각했을 뿐이었다.

어릴 때부터 책을 좋아해서 꾸준히 독서를 해왔고 책이 삶에 영향도 어느 정도는 미쳤지만, 독서를 통해 삶을 '혁명적으로' 바꿀 수 있다고는 생각하지 않았다. 시간이 나면 즐겨 책을 읽었지만 그것은 크게 '취미 범주'에서 벗어나지 않았던 것이다.

그러던 명훈이 독서에 대해 크게 깨우친 것은 자신의 독서 멘토를 만나고 나서였다. 미옥을 다시 만나게 된 것도 그 사람을 통해서였다. 5년 전 취재를 하다 처음 미옥을 만났지만 그 후로 간간이 연락을 주고받았을 뿐, '지인'이라고 할 만큼 가까운 사이는 아니었다.

그러다 3년 전 독서 모임에서 자신의 독서 멘토가 미옥을 소개했고, 그렇게 두 사람은 재회했다. 다시 만난 미옥은 여전히 많은 책을 읽고 있었지만 분위기가 달라져 있었다. 예전엔 파워풀하지만 조금 거친 느낌이었다면 다시 만난 미옥은 파워풀하면서도 부드러운 분위기가 합쳐져서 특유의 오라를 뿜어내고 있었다.

그 후 두 사람은 독서 모임에서 만나 자주 책에 대해 이야기를 나누었다. 이야기를 나누면 나눌수록 담백하고 시원시원했다. 솔직하게 자신의 의견을 말했고 모르는 것이 있으면 호기심을 갖고 질문했다. 수용의 폭이 넓었지만 때로는 날카롭게 주제의 이면을 끌어내기도 했다.

현성의 고민을 듣던 날 처음으로 떠오른 사람도 미옥이었다. 이 사람이라면 현성을 잘 이끌어줄 것이라고 믿었던 것이다. 독서 멘토와 미옥은 명훈에게도 중요한 사람들이었다. 두 사람 덕분에 명훈은 자신도 모르고 있던 틀을 깨고 나올 수가 있었다.

"혼자 무슨 생각을 그렇게 해?"

"곰이 사람이 되는 과정에 대해서."

"이 자식이!"

"하하하. 진짜 감격스럽다니까. 내가 지금 역사적인 현장에 와 있잖아. 독서가 이렇게까지 사람을 변하게 하다니! 완전 특종이야, 특종!”

명훈은 흐뭇한 미소를 지으며 미옥과 현성을 바라보았다. 그동안 갖고 있던 확신이 더욱 뚜렷해졌다. 치열한 독서는 사람을 변화시킨다는 것.

프로 리딩으로 전문성을 키울 단계

"아까 현성이가 100일 독서를 끝냈는데도 2퍼센트 부족한 느낌이 들었다고 했지? 단순히 취미로만 책을 읽는 독서가 무슨 의미가 있는지 의문이 생겼고."

"네. 물론 끝낸 후에 커다란 희열을 느끼긴 했어요. 그것만으로도 내 안에 힘이 생기는 변화를 겪긴 했지만 눈에 띌 정도의 변화까지 만들어낸 건 아니잖아요. 겨우 100일 읽고는 번개가 치고 천둥이 울리는 극적인 변화를 바라는 것도 욕심이겠지만요."

"그렇지. 욕심 맞지."

미옥이 빙긋 웃으며 말했다.

"그러나 그런 욕심이 있어야 다음 단계로 발전할 수가 있어. 지금 이 자리에 만족하면 더 이상 나아가고 싶은 마음이 안 들잖아. 그러니까 그건 단순히 욕심이라기보다 삶의 변화와 성장을 바라는 진정한 열망이라고 부르는 게 더 맞을 거야."

"성장……열……망?"

이상한 일이었다. 단지 '열망'이라는 단어를 말한 것뿐인데 마음저 깊은 곳에 잠자고 있던 무언가가 건드려진 듯 가슴이 뜨거워졌다. 그 열기는 현성에게 질문으로 다가왔다.

'삶의 변화를 바라는 진정한 열망을 지니고 살았던 적이 단 한 번이라도 있었던가?'

고등학생 때는 대학에 가는 것이 꿈이었고 대학생 때는 취직하는 것이 꿈이었다. 취직을 하고 난 후에는 대리를 다는 것이 꿈이었고 대리를 달고 난 후에는 승진하고 예쁜 여자 만나 결혼을 하고 아이들을 낳고 집을 장만하는 게 꿈이라고 생각했다. 모두 막연한 꿈이었을 뿐, 무언가에 대한 열망을 가져본 적은 없었다.

"열망, 열망! 그랬나 봐요. 삶의 변화와 성장을 바라는 진정한 열망!"

현성은 마치 처음 듣는 말처럼 몇 번이나 반복했다.

"비 맞은 중마냥 뭘 그리 중얼거리노? 가지가지 한다이. 옜다, 이건 서비스다."

현성의 눈앞으로 불쑥 커다란 접시가 나타났다. 김이 모락모락

나는 두부 김치였다.

"우와!!! 할매!!! 진짜 서비스예요? 나중에 딴소리하기 없기예요."

"썩을 영구놈이 속고만 살았나. 터진 입 다물고 퍼뜩 처묵기나 해라. 뜨실 때 묵어야 맛있다."

할머니는 탕 소리가 나게 안주를 내려놓자마자 다시 부엌으로 사라졌다. 현성은 그런 할머니의 뒷모습을 끝까지 바라보았다. 언제나 아낌없이 깊은 정을 주는 할머니였다.

"그러고 보니 내가 현성이 덕분에 할매한테 서비스를 얻어먹은 게 딱 두 번이에요."

명훈이 젓가락을 집으며 말했다.

"그게 언젠데?"

"이놈이 취직했을 때랑, 그리고 오늘이네요."

"축하할 일이 있으면 늘 서비스 대방출이셨나 보네."

"네. 딱 두 번뿐이었지만요."

명훈은 '딱. 두. 번.'이라는 말을 유난히 강조하며 부지런히 두부를 먹었다.

"그럼 넌 할매 서비스 많이 받았어?"

"물론이지. 10번도 넘을걸."

"뭐? 진짜? 할매는 왜 사람을 차별하고 그래!!!"

자랑스럽게 열 손가락까지 쫙 벌리며 말하는 명훈을 바라보던 현성이 억울하다는 표정을 지었다. 그러나 곧 회심의 미소를 지으며 한마디를 했다.

"그래도 술값은 내가 너보다 적게 냈을걸."

"그건 맞다. 외상을 오죽 많이 했어야지. 너 아직도 다 못 갚았지?"

투닥거리는 두 친구를 바라보던 미옥이 잔을 새로 채우며 건배를 외쳤다.

"이렇게 좋은 날엔 마셔야지! 원샷!"

현성이 시원하게 원샷을 하고 나서 말했다.

"두 사람한테도, 할매한테도 내가 갚을 빚이 참 많네."

진심이었다. 힘들 때는 아무도 없이 나 혼자라고 절망에 빠지기도 했지만 돌아보면 말없이 자신을 지탱해주는 사람들이 있었다. 어떤 대가도 바라지 않으면서 크고 따뜻한 마음으로 조건 없는 사랑을 주는 사람들이었다.

"알면 갚아라, 인마. 나도 네 덕 좀 보고 살자."

진지하게 말하는 명훈의 말에 미옥도 "나도!"라고 덩달아 외쳤다. 세 사람은 왁자지껄하게 현성의 외상값 기록에 대해 떠들었다. 화제는 실연당했던 대학 시절의 연애 이야기에서 다시 독서로 되돌아왔다.

"누나가 해준 말 있잖아요. 눈앞의 롯드 하나를 잘 마는 일부터 해야 된다고. 힘들 때마다 그 말이 참 위로가 되더라고요."

미옥도 물론 그 말을 기억하고 있었다. 자신의 인생 신조와도 같은 말이었다. 돌 하나를 놓아 징검다리를 만들듯, 오늘 하루 꾸준히 책을 읽으면 100일 동안 읽는 것도 가능했다. 강 건너를 바라보기만 하고 있으면 언제까지 바라보게만 될 뿐, 죽는 날까지 건널 수 없다는 것을 깨달은 경험에서 나온 말이었기 때문이다.

"첫 번째 롯드는 무사히 말았으니 이제 두 번째 롯드에 정성을 기울여야지. 지금 너에게 부족한 2퍼센트가 뭐라고 생각해?"

현성은 문득 마 팀장이 떠올랐다. 그에게 처음으로 칭찬받았던 순간의 느낌과 함께 자신도 모르게 불쑥 이런 말이 나왔다.

"일을 정말 잘하고 싶어요. 단순히 업무만 잘하는 게 아니라 제 분야에서 1인자가 되고 싶어요."

"오오오오오!!!!!!"

미옥과 명훈이 동시에 박수를 쳤다. 두 사람은 의외로 이런 면에서 죽이 잘 맞았다.

"제대로 가고 있는데?"

"그러게요. 준비가 되어 있어서 다행이네요."

영문을 몰라 하는 현성에게 미옥이 단순 명쾌하게 말했다.

"독서 습관을 잡는 다음 단계는 성장을 위한 독서야."

"성장을 위한 독서요?"

"응. 부족한 2퍼센트를 채워야지."

"어떻게요?"

"자기 업무 분야의 책을 1년 동안 100권 읽는 걸로. 이른바 진짜 프로가 되기 위한 독서, 프로 리딩이지."

미옥은 상큼한 표정으로 말했다. "손님, 애시 브라운 컬러가 정말 잘 어울려요"라고 기쁘게 말하는 듯한 어조였다. 현성은 하마터면 "네! 감사합니다"라고 말할 뻔했다. 현성은 겨우 정신을 차리고 다시 물었다.

"프로 리딩? 진짜 1년 동안 마케팅 분야의 책을 100권 읽는 거예요? 그 두껍고 어렵고 난해하고 복잡한 전문 서적을요?"

"100일 동안 33권을 읽은 사람이 1년 동안 100권도 못 읽어?"

"그거랑은 완전히 사정이 다르죠. 제가 읽었던 책은 그냥 쉽고 재미있는 책이었다고요. 전철 안에서도 읽고, 서점에서도 읽고, 길에서 버스를 기다리면서도 읽고……."

현성의 말이 떨어지기 무섭게 미옥과 명훈이 개그 콤비처럼 말을 받았다.

"때와 장소를 가리지 않는 독서!"

"정말 좋은 습관!"

"그렇지? 내가 독서 습관 하나는 잘 잡았……아니, 이게 아니고!"

"그럼 안 할 테냐?"

미옥의 말투는 부드러웠지만 눈에선 레이저 광선이 나오고 있었다. 어디 감히 "못 하겠다"는 말만 해보라는 듯했다. 사람의 눈빛에 기백이 서려 있다는 말은 무협지에나 나오는 표현인 줄 알았는데 미옥을 만날 때마다 현실에서 겪는 일이었다.

"아니요, 그게 아니고요……. 정말 제가 할 수 있을까요? 100일 독서와는 차원이 너무 다른 것 같아서요. 물론 내 분야의 프로가 되고 싶긴 하지만……. 2차원 평면에서 바로 3차원 입체로 이동하는 기분이랄까?"

"괜찮아. 기본적인 독서 습관이 잡힌 사람이라면 누구나 할 수 있는 일이니까."

미옥이 마지막 두부 한 조각을 집으며 가볍게 말했다. 현성은 그 말에 다시 용기가 났다. 애초에 불가능한 일이었다면 제안하지도 않았을 것이라는 생각이 들었다. 미옥은 어려운 이야기를 쉽게 푸는 재주가 있었다. 심각한 문제도 미옥이 말하면 별것 아닌 것처럼 느껴졌다. 자신이 너무 어렵게만 생각하고 있는 건지도 모르겠다며 현성은 고개를 끄덕였다.

"그럼 1년에 100권을 읽으려면 뭐가 제일 필요해요?"

미옥이 명훈을 보며 싱긋 웃었다. 대답은 명훈이 대신해주었다.

"프로 리딩을 위해선 1년 동안 읽을 100권의 책이 필요하지. 그리고 100권의 책을 꽂을 책꽂이도."

가벼워졌던 마음이 100권의 책을 떠올리자 다시 무거워졌다.

"우와, 100권……제 인생 최대의 도전이네요……. 으으, 벌써부터 머리에 쥐 날 것 같아요."

미옥이 현성의 어깨를 가볍게 두드리며 발랄하게 말했다.

"미리 걱정할 필요는 없어. 결국 알고 보면 책은 머리로 읽는 게 아니거든."

"그럼 뭘로 읽어요?"

"기백으로 읽는 거지!"

현성은 눈만 껌벅거리며 미옥을 바라보았다. 미옥은 술잔을 높이 들며 가열차게 말했다.

"우리가 돈이 없지, 기백이 없냐? 원샷!"

3000년의 내공은 100권의 책에서 나온다

엄한 사장의 독서 경영은 확실히 회사에 새로운 바람을 불러일으켰다. 예전에는 책 읽기 힘들다는 둥 시간이 없다는 둥 울며 겨자 먹기 식으로 독서를 강요한다고 불만을 토로했던 직원들도 언제 그랬냐는 듯 태도가 변해 있었다.

지금은 어떤 책을 읽는지 서로 정보를 나누고 토론을 하는 분위기가 자연스럽게 생겨났다. 업무 능력뿐 아니라 독서도 인사고과에 반영한다는 방침이 큰 영향을 미친 면도 있었다. 덕분에 현성도 점심시간에 눈치 보지 않고 30분씩 책을 읽을 수 있었다.

연말이 가까워지자 사내 분위기가 조금씩 들뜨기 시작했다. 각종 송년회와 팀별 회식으로 떠들썩한 모임이 이어졌지만 현성은 꼭 필요한 자리에만 참석했을 뿐, 집에 돌아와 조용히 책을 읽는 날들을 이어갔다.

책을 읽을수록 생각이 깊어졌다. 절망스러웠던 여름에 비한다면 고요하고 맑은 겨울이었다. 여름 장마 후 거미줄이 쳐지듯 수많은 생각들이 들끓던 날들이 있었던가 싶을 정도로 복잡하고 어지럽던 마음도 평온함을 유지할 때가 많았다.

처음엔 생존을 위해 책을 읽어야 한다며 절박한 마음으로 독서를 시작했지만 지금은 좀 더 간절한 목표가 생겼다. 회사에서 쫓겨날까 걱정이 되어서도 아니었고 고급 취미로 자랑하기 위해서는 더더욱 아니었다.

'내 업무 분야에서 1인자가 되겠다.'

그것은 목표이자 결심이었다. 뚜렷한 목표는 강한 성취 동기를 불러일으켰다. 예전에는 무엇인가를 위해서, 무언가가 되기 위해서 책을 읽어야 한다고 생각해본 적이 없었다. 그러나 자신이 원하는 것이 무엇인지 목표를 세우고 나자 흔들림 없이 나아갈 힘이 생겼다.

* * *

제야의 종소리가 울리기 세 시간 전이었다. 현성은 어머니, 현지와 함께 저녁을 먹은 다음 일찌감치 자신의 방으로 돌아와 새해 계획을 점검했다. 현지는 친구들과 제야의 종소리를 현장에서 듣는다며 종각으로 나갔고 어머니는 방에서 텔레비전을 보고 있었다.

해를 넘기도록 아버지는 집으로 돌아오지 못하고 있었다. 빚은 여전히 다 갚지 못한 상태였지만 내년엔 어떻게든 아버지를 설득해 집으로 모셔올 작정이었다. 아버지가 도피 생활을 계속한다고 빚쟁이가 집으로 찾아오지 않는 것도 아니었다. 번번이 어머니만 마음고생이 심했다. 빚쟁이에게 시달리고 고생을 하더라도 가족이 뭉친다면 한결 견디기 쉬울 것이라는 생각이 들었다.

위기를 이겨내기 위해서라도 자신의 업무 분야에서 반드시 최고로 손꼽히는 1인자가 되고 싶었다. 그것이 현재 상황에서 집안을 살릴 유일한 방법이었다. 단지 부모님이나 동생을 위해서만은 아니었다. 무엇보다 자신을 위해서였다. 책을 읽기 시작한 후부터 인생의 목표가 손에 잡힐 듯 뚜렷하게 느껴졌다.

며칠 전 미옥은 새해 축하 메일과 함께 새로운 미션을 보내왔다. 미션은 따로 프린트를 해서 벽에 붙여두었다.

현성, 새해 복 많이 받아!!! 올해 널 만난 건 내게도 큰 기쁨이었어.

100일간 33권을 읽어낸 힘으로 1년 100권 독서에 도전해봐. 확고한 목표는 언제나 용기를 주니까. 큰 산을 하나 넘었으니 이젠 백두대간 좀 넘어볼까? 거대한 산맥도 한 걸음부터 시작하는 거 알지? 힘내! 나도 윤 기자도 응원할 테니까.

자기 업무 분야에서 최고가 되기 위한 1년 100권 독서

1. 업무 분야의 고전으로 꼽히는 책을 한 달에 열 권씩 산다.
2. 일주일에 두 권씩 읽는다.
3. 반드시 알아야 할 부분에는 밑줄을 치고 여백에 자신의 생각을 적는다.
4. 한 챕터씩 요약 정리를 하고 중요한 내용은 따로 메모하거나 녹음한 후 출퇴근 시간에 읽고 들으면서 자신의 것으로 소화한다.
5. 주말마다 두 권의 책에 대한 리뷰를 쓴다.

미션은 다섯 가지였지만 결코 만만한 작업이 아니라는 것을 한눈에 알 수 있었다. 게다가 이 다섯 가지 미션을 1년 동안 꾸준히 해내야 했다. 지금까지의 독서와는 차원이 달랐다. 하지만 읽어야 할 책들이 어려워 보일수록 의욕이 높아지는 것도 사실이었다. 높은 산일수록 투지를 불태워야 기분이 나는 것이리라.

'이거야 원, 고3 때도 안 하던 공부를 뒤늦게 하게 생겼네.'

미션을 다시 한 번 읽으며 피식 웃긴 했지만 올해를 자신의 삶을 실제적으로 변화시킬 시간으로 만들어보겠다고 결심했다. 책꽂이에 가지런히 놓인 전문 서적들은 어느 것 하나 쉬워 보이지 않았다.

그러나 포기할 마음은 전혀 없었다.

"그래! 공부를 학교에서만 하라는 법이 있냐?"

현성은 의욕을 불태웠다. 책은 기백으로 읽는 것이라고 미옥도 말하지 않았던가. 그날 미옥과 나눈 대화를 다시 떠올렸다. 현성이 왜 꼭 100권을 읽어야 하냐고 묻자 미옥은 이렇게 대답했다.

"대학원에서 박사 학위를 따는 과정에서 기본적으로 읽어야 하는 책이 최소 100권이야. 박사는 그 분야의 최고 전문가잖아? 그러니까 100권은 읽어야지."

"100권이라고 해도……마케팅 분야의 책이 과연 100권씩이나 있을까요?"

"하하하. 설마 마케팅 책이 100권도 없을까. 그런 걱정은 집어 넣으셔. 게다가 마케팅 분야가 얼마나 넓은데? 파다 보면 소비자 심리학부터 색채론과 조명론, 어쩌면 양자역학하고도 연관될지 모른다고. 쉽게 예를 들어보자. 우리가 로마에 대해 배운다고 생각해봐. 처음엔 로마의 지리, 산업, 인구 등 현재 상황부터 파악하겠지. 그러다 점점 과거의 역사가 궁금해질 거고. 로마에 영향을 미친 외부 상황이나 이웃 나라들과의 역동적인 관계 등 궁금한 게 한두 가지겠어? 범위가 자꾸 넓어질 거야. 로마라는 주제와 너무 멀어지지만 않는다면 자신에게 필요한 것을 단계별로 찾아가며 공부할 수 있을 거야."

과연 그렇겠다고, 현성은 고개를 끄덕였다.

"게다가 특정 분야에서 성공한 사람들이 쓴 책에는 보통 30년의 노하우가 담겨 있어. 100권의 전문 분야 책을 읽으면 3000년의 내공이 쌓이는 것과 마찬가지지."

"3000년이오?"

저절로 입이 딱 벌어졌다. 책을 읽으면서도 저자가 얼마나 심혈을 기울여 썼는가는 생각해본 적이 없었다. 그저 단순하게 글을 잘 쓰는구나, 어려운 개념도 이렇게 풀어주니까 쉽고 재미있구나, 정도로만 여겼을 뿐이었다.

그런데 미옥의 말을 듣고 자신이 읽었던 책의 저자들을 떠올려보니 과연 쟁쟁한 인물들이었다. 베스트셀러나 스테디셀러 위주로 읽긴 했지만 저자들은 그 분야의 정상에 오른 프로 중의 프로들이었다. 책 한 권에 얼마나 위대한 경험과 사고가 담겨 있는지 새삼 실감할 수 있었다.

'그래, 3000년의 내공을 쌓아보자!'

멀리서 제야의 종소리가 들리는 듯했다. 새해가 밝아오고 있었다.

새롭게 공부하는 마음으로

새해 첫날, 일어나기가 무섭게 현성은 잠들기 전 읽기로 작정한 책을 꺼내들었다. 회사에 출근하면 신년부터 일이 휘몰아칠 것이 뻔했고, 퇴근도 언제 할지 몰랐다. 시간이 있을 때 되도록 많이 읽어두고 싶었다.

책상 대용으로 쓰고 있는 교자상에 책을 펼치고 손에 펜을 쥐었다. 중요한 부분은 밑줄을 쳐가며 수능 공부하듯 읽을 작정이었다. 첫 장부터 어려운 용어가 물밀 듯 밀려왔다. 그나마 한 번쯤 들어본 듯한 익숙한 말들에 위안이 되었다.

첫 번째 챕터를 읽었을 뿐인데 벌써 오전이 다 지나갔다. 노트에 따로 메모를 해가며 정리를 했다. 녹음이 필요한 부분은 체크를 해두었다. 처음에는 그냥 한 번 읽고, 노트 정리를 하면서 두 번째로 읽고, 녹음한 것을 들으면 세 번 읽는 셈이니 효과가 클 것 같았다.

어려운 부분도 있고 쉽게 이해되는 부분도 있었지만 점심시간쯤 되니 뒷머리가 뻐근했다. 커피라도 마시며 잠시 쉬려는데 휴대전화 벨이 울렸다. 명훈이었다.

“새해 복 많이 받아라. 뭐 하냐?”

“책 읽는다.”

“아이고! 새해 첫날부터 장하다. 너 성공하면 나한테 꼭 한턱 쏴야 해.”

“허허허, 친구. 내가 설마 자네를 잊겠나. 염려 마시게.”

“전문 분야 100권 독서 시작한 거지? 할 만해?”

“첫날이니까 뭐 그럭저럭. 아직은 읽을 만해.”

“내일 시간 있어?”

“책 읽는 것 빼곤 딱히 약속은 없는데. 왜?”

“누구 좀 소개하려고.”

“소개? 나 여자 만날 정신 없는데.”

“여자는 맞는데 김칫국 먼저 마시진 마라.”

“누군데?”

“독서 동지가 될 사람.”

“독서 동지?”

"힘든 길도 동지와 함께라면 끝까지 갈 수 있잖냐. 얼마 전에 100일 독서를 끝내고 올해부터 너처럼 전문 분야 독서를 시작한 사람이야. 가끔 만나서 독서 노하우도 나누고 서로 도움도 주고받으면 좋잖아. 어때? 만나볼래?"

"나야 고맙지."

명훈은 시간과 약속 장소를 말해준 후 전화를 끊었다. 뜨거운 커피를 마시며 현성은 늘 말없이 자신을 배려하는 친구에게 고마움을 느꼈다. 현성은 처음 명훈을 만났을 때를 떠올렸다.

초등학생 때부터 홈스쿨링을 하고 검정고시로 고등학교에 들어온 명훈은 아이들과 쉽게 친해지지 못했다. 늘 교실 뒷자리에 앉아 제목도 어려운 철학책 같은 것을 읽고 있었다. 집의 방향이 같아서 우연히 몇 번 등하교를 함께한 뒤로 현성과 명훈은 가끔 이야기를 나누곤 했다. 명훈은 주로 읽고 있는 책 이야기를 했고 현성은 빠져 있던 게임 이야기를 했지만 두 사람은 어딘가 잘 맞는 구석이 있었다. 어느새 두 사람은 서로를 '절친'으로 생각할 만큼 친해졌다. 그럼에도 명훈에게는 어딘가 길고양이처럼 까칠한 구석이 있었다.

명훈이 가정사로 인해 심연처럼 깊은 상처를 마음속에 지니고 있다는 것을 알게 된 것은 다시 같은 반이 되었던 고3 때였다. 명훈의 아버지는 술만 마시면 폭력을 휘둘렀다. 시간이 지날수록 아버지의 폭력이 심해져서 명훈과 어머니가 거의 죽을 만큼 맞았던 날,

어머니는 살기 위해 어린 아들을 데리고 도망쳤다고 했다. 학교도 그만두었다. 매일 밤 악몽을 꿀 만큼 폭력의 공포에 시달렸던 두 사람은 몇 년 동안이나 숨죽이고 살았다. 명훈과 어머니가 세상 밖으로 나온 것은 명훈의 아버지가 교통사고로 죽고 3년도 더 지나서였다. 지금도 명훈은 폭력이라는 이슈에 민감했다. 기자가 된 것도 그 영향이 컸을 것이다.

'녀석도 참. 그때에 비하면 지금은 진짜 많이 유해졌지. 살짝 몸을 건드리기만 해도 파르르 신경질을 냈었는데.'

온몸 가득 가시를 세운 고슴도치 같았던 명훈을 떠올리자 현성은 웃음이 났다. 지금의 사람 좋고 배려심 가득한 윤명훈 기자와는 도무지 매치가 되지 않는 모습이었다. 새삼 세월의 흐름이 느껴졌다. 가까이 지내며 자주 본 데다 자신은 둔한 편이었기에 명훈의 변화를 크게 실감하지는 못했었다. 그러나 몇 년 전을 생각해보니 확실히 명훈은 변해 있었다.

'어라? 가만 있자, 그러고 보니 3년 전부터인가?'

명훈은 현성에게 책을 읽으라고 말해온 유일한 사람이었다. 그러나 3년 전부터 유난히 읽고 있던 책 이야기를 많이 했다. 자신은 책에 관심이 없었기에 귓등으로 듣고 넘겼지만 그때 명훈의 목소리에는 묘한 열정이 담겨 있었다.

'도대체 3년 전에 무슨 일이 있었던 거야?'

나중에 기회가 되면 물어보리라 생각하고 현성은 마시던 커피를 들고 다시 방으로 들어갔다. 오늘 저녁까지는 세 번째 챕터를 끝내리라 다짐하면서.

독서 동지를 만나다

그녀는 가게 안의 사람들이 한 번은 쳐다볼 정도로 눈부셨다. 얼굴만 보면 뛰어난 미인은 아니었지만 전체적인 스타일이 멋스러웠다. 명훈은 손을 들어 살짝 흔들었다. 그녀는 곧 환한 미소를 지으며 명훈을 향해 걸어왔다.

"미안, 늦어버렸네."

그녀는 천천히 자리에 앉으며 애교 있게 두 손을 모았다.

"괜찮아. 배고프지?"

다정하게 말하는 명훈을 보며 현성은 불순한 상상을 하지 않으려 애썼다. 명훈은 외동이었으니 동생은 아니었다. 부부 금실은 지금도 낯간지러울 정도로 좋으니 숨겨놓은 애인일 리도 없었다. 그렇다면 이 친밀감은 도대체 어떻게 해석해야 할까? 호기심에 두 사람을 번갈아 쳐다보는 현성을 보며 그녀가 까르르 웃었다.

"형부, 또 심술부렸구나. 내 얘기 안 했지?"

형부? 그제야 명훈의 아내 얼굴이 떠올랐다. 눈매며 입가가 닮은 것 같기도 했다.

"얘기야 했지. 누구라는 것만 말을 안 했지. 둘이 인사해."

"처음 뵙겠습니다. 고현성입니다."

"안녕하세요? 유하영이에요."

명훈은 둘이 인사하는 것을 보며 싱글벙글 웃었다.

"형부는 왜 그렇게 웃기만 해?"

"아니, 처제가 너무 예뻐서. 장모님께 감사드려야겠다고 생각했지."

"비행기 태워도 소용없네. 오늘은 형부가 쏜다고 했으니까."

풋, 하고 웃음을 터뜨리는 하영은 봄날의 개나리처럼 화사했다. 그런 하영을 보며 팔순 할머니가 되어도 열다섯 단발머리 소녀 같을 것이라고 현성은 생각했다.

그러나 사람은 겉만 봐서는 알 수 없는 것이었다. 명훈은 에피타이저로 나온 샐러드에서 무순만 골라 아삭아삭 씹어 먹는 하영의 모습을 새삼스레 바라보았다. 지금 하영의 모습에서 누가 예전 모습을 찾아내랴 싶었던 것이다.

"뭐야, 형부. 또 옛날 생각 하고 있지?"

"어? 아, 아냐."

"아니긴 뭐가 아냐. 말 더듬는 거 보니까 맞는데 뭘. 이래서 과거를 아는 사람은 귀찮다니까."

"과거라니……무슨?"

조심스레 물었지만 현성은 아차, 하고 이내 입을 다물었다. 손아래 사람이라고 해도 첫 만남이었다. 호기심 때문에 가볍게 던진 질문이 상대에게는 상처가 될 수도 있었다. 그러나 하영은 개의치 않는다는 듯 밝은 목소리로 대답했다.

"3년 전만 해도 제가 몸무게가 좀 많이 나갔거든요."

"지금은 다이어트를 하신 거예요?"

"네. 아주 독하게 했죠."

하영은 현성을 보며 생긋 웃었다.

"세상에서 가장 무서운 일이 뭐였는지 아세요? 거울로 내 뱃살을 보는 거랑 체중계 위에 올라가는 거였어요. 거식증? 저 그거 이해해요. 세상에 먹을 게 없어지면 좋겠다는 생각도 했으니까요. 처음부터 마른 체형인 데다 평생 한 번도 살이 쪄보지 않은 사람들은 아마 모를 거예요. 살을 뺀다는 게 얼마나 힘들고 비참한 일인지요."

"그렇게 힘든 일인데……어떤 계기라도……?"

"계기라면 서점에 책 사러 간 일?"

이렇게 말하고 하영은 또 까르르 웃었다. 그러나 주문한 음식이 나와서 대화는 거기에서 멈추었다. 일상적인 이야기를 하며 밥을 먹은 후 디저트를 고민할 때 명훈이 일어섰다.

"자, 나는 여기까지. 남은 시간은 둘이 실컷 이야기를 나누라고."

"뭐? 야, 갑자기 가면 어떡해!"

현성은 당황해서 명훈을 붙잡았다. 그러나 명훈은 여우 같은 아내와 토끼 같은 새끼들이 자신을 눈 빠지게 기다린다며 계산서를 집어 들고 사라졌다.

읽다, 만나다, 건너가다

"봄이었어요. 광화문에 있는 서점에 갔는데 화사한 봄옷을 입은 사람들이 잔뜩 있는 거예요. 전 통짜 자루 같은 검은 코트에 멋이라고는 하나도 없는 목도리를 칭칭 감고 있었죠. 문득 다이어트 책이 눈에 띄었어요. 80킬로그램에 육박했던 중년 여성이 47킬로그램까지 빼서 화제가 되었던 책이었죠. 그녀는 마치 다른 사람 같았어요. 너무 예뻤죠. 그대로 돌아서 나온 후 집까지 두 시간도 넘는 거리를 철철 울면서 걸었어요. 그냥 눈물이 나는 거예요. 봄인데, 이렇게 날이 좋은데, 내 아까운 청춘이 썩는구나, 그런 생각을 했던 것 같아요. 예뻐지고 싶고, 날씬해지고 싶었어요. 감기에 걸려도 좋으니 얇은 봄 원피스를 입고 싶었어요."

그리고 다음 날 하영은 그 책을 사러 다시 서점에 갔다고 했다. 철저하게 책을 따라 식이요법과 운동을 겸한 결과 다이어트에 성공할 수 있었다. 힘들 땐 표지 사진을 보면서 다시 기운을 냈다. 하영에게는 그 책이 밥보다 더 중요했다.

"지금도 그 책은 소중하게 간직하고 있어요. 그 책 덕분에 다시 태어날 수 있었거든요. 다이어트를 하면서 내면에서 많은 변화가 있었어요. 그때 형부와 대화를 엄청 했죠. 단순히 몸을 변화시키는 것에서 끝내지 않고 정신까지 변화시키고 싶다는 내 말에 형부는 책을 읽어보라고 했어요. 자청해서 제 독서 멘토가 되어주었죠."

현성은 그제야 3년 전에 명훈에게 있었던 변화의 이유를 알 것 같았다. 그러나 왠지 하영의 독서 멘토링 외에 또 다른 이유가 있을 것 같았다. 명훈이 특종 기자로 성공하기 시작한 것도 그때쯤이었기 때문이다.

"처음엔 형부도 크게 강요하진 않았어요. 한 달에 꾸준히 다섯 권 정도만 읽어보라고 했죠. 본격적으로 시작한 건 작년부터예요. 100일 독서도 얼마 전에 끝냈고요. 친구 중에 저랑 비슷하게 독서 경험을 하는 분이 있다는 이야기를 듣고 제가 먼저 소개해달라고 했어요. 저도 이제 1년에 100권의 전문 서적을 읽어야 하는데 혼자보다 둘이 힘이 될 것 같아서요."

하영이 말을 마치자 현성은 자신의 이야기를 시작했다. 사람의 눈을 깊이 바라보며 이야기를 듣는 하영에게 끌려 집안 이야기까지 다 털어놓고 말았다. 부끄럽다는 생각은 들지 않았다. 둘 다 힘든 과거를 겪었다는 동지 의식이 어느새 생겼던 것이다. 현성의 이야기를 들은 하영은 부드러운 미소를 지었다.

"책은 정말 사람을 성장시키네요. 그것도 놀랍게요."

하영의 말에 현성도 고개를 끄덕였다. 몇 번이나 자신도 느꼈던 점이었다. 우연인지 알 수 없었지만, 자신의 주변에서 책을 읽는 사람은 모두 책을 통해 자신을 변화시켜왔다는 공통점이 있었다. 미옥이 그랬고, 명훈이 그랬으며, 하영이 그랬고, 자신 또한 그랬다. 하영은 헤어지기 전에 이런 말을 남겼다.

"책을 읽고부터 두 가지 의미에서 진짜 공부를 하고 있다는 생각이 들어요. 하나는 독서를 통해 자신을 성장시키는 공부이고, 또 하나는 책을 읽는 사람들과의 만남을 통한 인생 공부죠."

* * *

밤늦은 시각이었는데도 도로는 차들도 가득했다. 신년 연휴가 끝나가고 있었다. 내일이면 다시 출근해서 전쟁과 같은 업무에 시달릴 터였다. 그러나 그것도 나쁘지 않다고, 오히려 즐겁게 일을 기다리는 자신을 느끼고 현성은 깜짝 놀랐다.

하영을 만나고 집으로 돌아오는데 손끝에서부터 심장까지 미미한 떨림이 느껴졌다. 오랫동안 잊고 있었던 떨림이었다. 자신이 생생하게 살아 있다는 느낌이 들었다. 1년 동안 함께 독서를 해나갈 든든한 동지를 얻었다는 기쁨에 저절로 노래를 흥얼거리고 껑충껑충 뛰고 싶어졌다.

하영과는 10주 동안 20권의 자기 분야 책을 읽고 나서 다시 만나기로 약속했다. 무슨 일이 있어도 반드시 읽고 말겠다며 현성은 주먹을 불끈 쥐었다. 어서 빨리 집에 가서 어제 읽던 책을 마저 읽고 싶었다. 자신의 이 떨림이 무엇을 의미하는지 깊이 생각해보지도 않은 채 단지 어린아이처럼 들뜬 마음으로 생각할 뿐이었다. 오직 하영을 다시 만나고 싶다고.

지금이야말로 레드 퀸 효과가 필요할 때

연초 시무식에서 사장이 본격적인 독서 경영의 청사진을 펼쳐 보인 후 회사 분위기는 빠르게 변해갔다. 두 사람 이상 모인 자리에서 책이 화제에서 빠지는 일이 없었다. 팀별로 독서 토론을 하는 모임이 꾸려지기도 했다.

필립과 난희도 사내 독서 모임에 들어 활발하게 활동하는 눈치였다. 현성도 두어 번 모임에 참가해보았지만 지금 자신이 하고 있는 독서와 병행하기는 어렵겠다고 판단했다.

그중에는 일과 관련해 전문 분야의 책을 읽는 모임도 있었지만 각기 다른 부서에서 모인 사람들이 공통으로 읽을 책을 선정하는 것도 힘들 것 같았고, 잘못하면 수박 겉핥기로 끝날 수도 있었다.

미옥과 의논한 결과 현재처럼 혼자 꾸준히 독서를 하기로 했다.

하영과 만나려면 한 달은 있어야 했지만 두 사람은 자주 카톡을 주고받으며 독서 현황을 공유했다. 오늘도 퇴근길에 하영에게 카톡을 보냈다.

오늘도 열독!

중요한 내용은 녹음해서 듣는 게 참 도움이 많이 돼요.♡

그것 참 다행이네. 그런데 웬 하트? 너 딱 걸렸다. ㅋㅋㅋ

헐-_-;;; 미옥 누나, 제가 실수로 잘못 보냈네요.

명훈이가 독서 동지라며 처제를 소개해줬어요.

하영이? 그럼 당분간 네 걱정은 안 해도 되겠넹~.

누나, 하영 씨 알아요?

윤 기자랑 하영이랑 내 스승님이랑 몇 번 만난 적 있지. ^^

책 읽는 사람들끼리는 자주 만나는 법이거든~.

그런데 왜 저는 거기에 없었던 걸까요?

일 때문에 만난 거다. 하영이 패션 에디터잖아.

걔네 매거진에 스승님 인터뷰 싣는다고.

나는 헤어 담당, 윤 기자는 원고 담당.

응? 하영 씨 패션 에디터였어요?

뭐임? 둘이 만나서 책 얘기만 했냐?

할매가 널 왜 영구 빙충이라고 하는지 알 듯.ㅋㅋㅋ

어쨌든 파이팅!!!

미옥의 마지막 말이 무슨 의미인지 알 수는 없었지만 어쨌든 미옥도 하영을 알고 있다니, 좋은 징조 같았다. 그게 왜 좋은 징조냐고 누군가 묻는다고 해도 이유는 없었다. 그냥 자신이 믿고 좋아하는 사람이 하영을 안다는 게 기분 좋았다. 이젠 미옥도 할매처럼 자신을 '영구 빙충이'로 부를까 봐 조금 염려스럽기는 했지만 말이다.

간단하게 카톡을 몇 번 더 주고받은 후 현성은 이어폰을 꽂았다. 책을 읽고 요약 정리한 내용을 다시 간단하게 줄여 자신이 직접 녹음한 것이었다. 출퇴근 시간마다 되풀이해서 듣고 있노라면 전체적인 책의 내용이 떠올라서 지식이 겉돌지 않고 몸으로 체화되는 것 같았다.

현성은 2주 동안 네 권의 책을 읽었다. 저녁에 집중적으로, 거의 필사적으로 시간을 내서 읽었다. 마케팅 업무에는 그럭저럭 적응하고 있었지만 아직 능숙하게 책임질 정도는 아니었다. 의무적으로 회사 사이트에 올려야 하는 독서 리포트는 100일간 읽었던 33권의 책을 다시 보고 쓰는 것으로 해결하고 있었다.

전문 분야의 독서를 회사 업무와 병행하기가 만만치 않았지만 현성은 오직 하영을 만난다는 일념 하나로 견뎠다. 책을 다 못 읽었다고 약속 날짜를 변경하고 싶지는 않았다. 그렇다고 읽지도 않은 책을 읽었다고 거짓말하기도 싫었다.

'하긴 참, 거짓말이 통하지도 않지.'

만나는 날엔 자신의 독서 결과를 가져와 조언해주기로 했던 것이다. 요약 노트를 좀 더 효율적으로 쓰는 법이라든지, 어디를 어떤 식으로 녹음하면 좋다든지, 예를 들면 중요 단어만 녹음해서 차례로 들으며 전체 내용을 떠올리는 게 좋을지, 아니면 중심 문장을 연결해 1, 2분짜리 내용으로 녹음하는 것이 좋을지, 각자의 실험에서 얻은 다양한 노하우를 나누기로 했다.

퇴근이 늦어지는 날이면 속이 탔다. 잠을 줄인다고 해도 새벽 2~3시까지 책을 읽으면 다음 날 업무에 지장이 생겼다. 이럴 때 생각나는 사람은 한 명이었다. 독서 멘토인 미옥에게 전화를 걸었다. 미옥은 듣기에도 시원한 목소리로 전화를 받았다.

“누나, 업무랑 독서랑 마구 겹치고 있어요. 이럴 땐 어떻게 하면 좋아요?”

“중요한 게 뭔지 우선순위를 먼저 생각해.”

“우선순위요?”

“지금 제일 급한 게 뭐냐?”

“정해진 시간 안에 책을 읽는 거요.”

“그럼 제일 중요한 건?”

“그야 제 업무 분야에서 최고가 되는 거죠.”

“그럼 책을 더 열심히 읽고 일을 소홀히 하는 거랑, 일을 열심히 하면서 독서를 미루는 거랑 어느 쪽을 선택할래?”

“으으음……으으음…….”

황소가 낼 법한 신음 소리를 거의 1분 가까이 냈지만 선뜻 대답할 수가 없었다. 일을 잘하기 위해 책을 읽는 것인데 일을 선택하자니 독서가 밀리고, 독서를 선택하자니 뭔가 주객이 전도된 기분이었다.

“모르겠어요!!!”

“정답을 말하려고 하지 말고, 네가 뭘 원하는지 말해봐.”

“지금 마음 같아선 책을 읽고 싶어요. 정말 딱 한 달 동안만 어디

가서 책만 읽다 오면 좋겠어요."

작년 이맘때만 해도 '책만 읽고 싶다'는 말이 자신의 입에서 나올 것이라고는 상상도 못 했다. 그러나 진심이었다. 한 달, 아니 일주일만이라도 좋으니 책 읽을 시간이 절실하게 필요했다.

"책만 읽다가 일을 못 하면 그땐 어쩌려고?"

"그러니까요. 제가 어떻게 하면 좋을까요?"

"두 가지 중에 하나를 고르려니 답이 안 보이지."

"네? 둘 중 하나를 고르라면서요."

"내가 언제. 둘 중 어느 것을 선택하겠냐고 했지, 반드시 둘 중 하나를 고르라고는 하지 않았다."

"그게 그 말 아니에요?"

"아니지. 생각의 함정이 거기에 있는 거야. 다른 선택은 아예 없다고 두뇌 회로를 꽉 닫아버린 것처럼 말이야."

"그럼 누나 같으면 어떻게 할 건데요?"

"일을 열심히 하지. 독서는 더 열심히 하고."

미옥의 목소리는 '일 더하기 일은 이'라고 말하는 듯 단순했다. 그리고 웃으며 한마디를 덧붙였다.

"아니면 일을 엄청 열심히 하고 독서는 미친 듯 열심히 하든가. 레드 퀸 효과 기억하지? 지금이 바로 두 배로 달릴 때야."

아무 말도 못 하는 현성에게 미옥은 처음 전화를 받았을 때와 마찬가지로 시원시원한 말투로 마무리를 지었다.

"오르막이 있으면 내리막도 있는 법이야. 보통 이 말은 성공이 있으면 실패도 있다는 뜻으로 해석되지만 내 생각은 좀 달라. 눈썰매장에 가봤지? 힘들게 오르막을 올라가면 그다음엔 힘들이지 않고도 저절로 내려오잖아. 그리고 내려올 때의 속도는 올라갈 때보다 몇 배는 더 빠르고. 처음 두 달만 잘 이겨내. 금방 속도가 붙을 테니까."

"정말 그럴까요?"

"물론이지. 독서는 뭘로 하는 거라고?"

"기백이죠!"

"바로 그거야! 됐네! 할 수 있네! 누나 믿지?"

미옥은 특유의 깔깔거리는 웃음소리를 남기며 전화를 끊었다.

힘든 오르막 뒤에 쉬운 내리막

세상에 태어나서 이렇게 열심히 책을 읽은 것은 처음이었다. 말 그대로 '미친 듯이' 책을 읽었다. 저녁밥을 먹다가 코피가 터진 적도 있었다.

"아이고, 세상에나! 일이 많이 고되니? 얼굴이 반쪽이 됐다. 보약이라도 한 첩 먹여야 할 텐데……."

휴지로 코를 틀어막는 아들을 보며 어머니가 걱정스럽게 말했다.

"괜찮아요. 일 때문이 아니라 요즘 늦게까지 책을 보느라 그래요."

"뒤늦게 책을 왜 그렇게 열심히 읽어? 밤엔 잠을 자야 체력이 생기지."

"오빠, 코피 났어? 세수하다가 손가락으로 찔렀어?"

태연하게 묻는 현지에게 어머니는 눈짓을 하며 말렸다.

"동생아, 오빠가 요즘 책을 읽느라 피곤해서 그런다."

"고3 때 이렇게 공부했으면 하버드도 갔겠다."

혀를 날름 내밀며 현성을 놀리던 현지는 기어이 어머니에게 등짝을 한 대 맞고는 방으로 사라졌다. 현성은 현지의 말이 맞다며 속으로 웃었다. 그러나 한편으론 자신의 코피가 자랑스럽게 느껴지기도 했다. 책을 읽다가 코피까지 났다고 미옥과 명훈에게 슬쩍 말해야겠다는 생각도 했다.

초기 한 달은 고군분투를 해야 겨우 목표한 권수를 채울 수 있었지만 두 달쯤 되어 15권을 넘기니 점점 책 읽는 속도가 빨라지기 시작했다. 독서 시간은 여전히 빠듯했지만 이제는 제법 독서에 요령이 생겨서 중요한 부분과 그렇지 않은 부분을 구분할 수 있었다. 어느 부분은 속독으로 빨리 읽고 어느 부분은 정독하며 곱씹어야 하는지 감이 오기 시작했다. 책을 읽는 속도만 변한 것이 아니었다. 요점 정리를 하는 것도 녹음을 하는 것도 처음과는 비교가 안 될 정도로 능숙해졌다.

책 읽는 시간을 더 만들기 위해 알람을 10분 더 빠르게 당겨놓고 평소보다 10분 늦게 잤다. 일이 아무리 늦게 끝나도 퇴근을 10분 늦게 하거나 점심을 간단히 먹고 10분 더 시간을 냈다. 심지어 엘리베이터를 기다리는 시간까지 총동원했다.

'10분이 여섯 번 모이면 한 시간이 된다고 했어. 책 읽을 한 시간이 없다면 그 한 시간을 모아서 만들어보자.'

지금껏 5분 10분 단위로 시간을 쪼개가며 절약해보기는 처음이었다. 생활 속에는 의외로 많은 5분과 10분이 숨어 있었다. 시간을 새롭게 쓰기 시작하자 업무 능력도 향상되는 듯했다. 이틀 동안 하던 일을 하루 반나절 만에 끝내기도 했다. 자신이 생각해도 놀라운 성과였다.

하루가 24시간이 아니라 48시간처럼 느껴졌다. 매일 새로운 충족감을 느꼈다. 그러나 놀라운 일은 그뿐만이 아니었다. 책을 읽는 도중 다음에 어떤 내용이 나올지 훤히 알게 되는 일조차 생긴 것이다. 그리고 그 예상은 거의 들어맞았다.

책을 읽어도 뒷부분이 어떻게 전개될지 감조차 잡지 못하던 지난날은 말 그대로 '과거사'에 불과했다. 어느 날은 책을 읽다 말고 뒷부분도 이미 다 아는 내용이라는 것을 확인하고는 희열감에 휩싸여 덩실덩실 춤이라도 추고 싶어질 때도 있었다. 역시 미옥의 말이 맞았다. 힘든 오르막 다음엔 쉬운 내리막이 오는 법이었다.

도약을 위한 시간

그렇게 바라던 여름휴가 기간이 다가왔지만 내년 초부터 대대적으로 시행할 예정인 밀라노 프로젝트의 마케팅 기획안을 작성하고 자료를 준비하느라 휴가 이야기를 좀처럼 꺼낼 수 없었다. 겨우 한숨 돌리고 휴가를 냈을 때는 있는 기운 없는 기운 모두 빠져서 휴가 첫날 아침에는 제대로 일어나지도 못할 정도였다.

혼을 빼는 것 같았던 지난 한 달간 읽은 책은 겨우 네 권으로 평소의 절반 정도였다. 현성은 그동안의 부진을 만회하기 위해서라도 휴가 땐 온전히 책만 읽기로 결심했다.

하영과는 지금까지 다섯 번 정도 만나며 의지를 되새겼다. 처음엔 두 달 만에 만났지만 차츰 한 달에 한 번 정기적으로 만났다. 같은 목표를 가진 동지가 있다는 것은 언제나 든든한 일이었다.

미옥과는 정기적으로 연락했다. 1년 동안 이어지는 긴 독서 프로젝트였기에 새로운 미션을 받는 경우는 없었다. 미옥은 현성에게 잘하고 있다면 그것으로 충분하다며 뚝심 있게 황소 같은 마음으로 굳세게 나아가라고만 했다.

자신이 과연 휴가를 떠날 처지인지, 그냥 집에서 도서관이나 다니며 책을 읽어야 되는 것은 아닌지, 몇 번을 고민했다. 하지만 결국에는 재충전이 필요하다는 결론을 내렸다. 어머니와 현지에게 미안했지만 두 사람은 흔쾌히 잘 다녀오라고 했다. 현성이 얼마나 열심히 살고 있는지 누구보다 잘 알고 있었기 때문이었다.

* * *

밤새 파도 소리가 들렸다. 커튼을 걷자 창문 가득 아침 햇살이 들어왔다. 강원도로 휴가를 떠나온 지 이틀째 되는 아침이었다. 첫날에는 낙산사에 들러 가벼운 산책을 했다. 평소라면 30분을 걸을 생각은 하지도 않았을 것이다. 그러나 여기에서는 걷는 것이 자연스러웠다. 천천히 자신의 보폭과 몸의 움직임을 느끼며 걷는 일은 즐거웠다. 늦은 점심을 먹고 숙소로 돌아오자마자 책을 꺼냈다. 그리고 밤늦게까지 책을 읽다가 잠이 들었다. 편안하고도 깊은 잠이었다.

아침에 눈을 뜨자 창문 너머로 바다가 보였다. 현성은 오늘도 하루 종일 책을 읽을 수 있다는 기쁨에 사로잡혔다. 아무것도 하지 않고 온종일 책을 읽는 일은 현재 누릴 수 있는 최고의 사치였다. 먹지 않아도 배가 고프지 않았고 마시지 않아도 목이 마르지 않았다. 완전히 몰입해서 책만 읽었다. 조금씩 끊어 읽지 않고 시간을 통째로 독서에 바친 경험은 현성의 가슴에 새로운 불씨를 일으켰다. 문득 집에 가자마자 지금 읽고 있는 책의 저자에게 메일을 보내야겠다는 생각이 들었다. 그저 책을 읽는 것만으로 벅찼던 예전에 비하면 커다란 성장이었다.

3박 4일 동안 아무것도 하지 않고 책만 읽었을 뿐인데도 3일 전의 자신과는 완전히 다른 사람이 된 것 같았다. 독서를 하기 전에는 자신의 존재까지 바치며 무언가에 몰두해본 경험이 없었다. 수학 공부를 하면서 영어 걱정을 하는 고등학생처럼 늘 무언가에 쫓기듯 불안했다.

그러나 지금은 오직 읽을 뿐이었다. 지금 여기, 발가락 사이로 모래의 부드러운 감촉을 느끼는 것이 전부이듯, 책을 읽는 순간에는 오직 책을 읽을 뿐이었다. 깊은 산속에서 몰래 비장의 무술을 수련하고 득도한 사람처럼 현성은 가슴을 활짝 펴고 바다에서 불어오는 바람을 맞았다. 서울에 올라가는 대로 하영에게 전화를 해야겠다는 생각이 들었다.

나는 왜 독서를 하는가

휴가가 끝나자 시간은 더욱 빠르게 지나갔다. 아침저녁으로 제법 서늘한 바람이 불었다. 9월의 사무실 너머로는 여전히 울창한 매미 소리가 들렸지만 더위는 한풀 꺾여 있었다. 현성은 점심을 먹자마자 자리로 돌아와 책을 꺼냈다. 마지막 책장을 덮은 후 잠시 생각에 잠겼다가 결심을 한 듯 컴퓨터를 켜고 메일함을 열었다. 처음으로 작가에게 책을 읽고 느낀 점과 함께 궁금한 점을 몇 가지 써서 메일을 보냈다. 어디에서 이런 용기가 생겼는지 아무리 생각해도 우스운 일이었다.

점심시간에 책을 읽는 것은 현성만이 아니었다. 아침 업무 시작 전이나 점심시간 등 자투리 시간을 이용해 책을 읽는 직원들이 점점 늘어나고 있었다. 현성은 새삼 사무실 안을 둘러보았다. 직원들이 책을 읽기 시작하면서 자연스럽게 '독서하는' 분위기가 살아났다. 눈에 크게 띄지는 않아도 조용한 변화의 물결이 일어나는 듯했다. 가끔은 회사에서 밤늦게까지 책을 읽고 들어갈 때도 있었다.

현성은 최근 업무에서도 눈에 띄는 변화를 경험하고 있었다. 큰 틀이 보이고 흐름이 보이면서 어떻게 일을 해야 하는지 저절로 알게 될 때가 많았다. 마 팀장의 지시를 듣기도 전에 필요한 것이 무엇인지 파악하는 눈도 생겼다. 그야말로 '안목'이 생기기 시작한 것이다.

책을 읽는다고 어느 날 갑자기 벼락과 천둥번개가 꽂히듯 업무의 모든 것을 터득하게 되는 건 아니지만 가랑비에 옷 젖는 줄 모르듯 조금씩 변해가는 스스로가 보였다.

지금까지의 독서 경험을 통해 현성은 책만 읽는다고 저절로 사람이 변하는 것은 아니라는 점도 알았다. 주변을 둘러보면 책을 많이 읽고도 오히려 독단적이고 독선적인 사람이 되어버리는 경우도 있었다. 마음을 터놓고 남의 의견에 귀를 기울이기보다는 자신의 지식을 자랑처럼 떠벌리거나 사람을 무시하는 듯한 태도를 보이기도 했다. 자신에 대한 반성이나 성찰 없는 독서는 오히려 독이 될 수도 있었다.

문제는 '어떤 방식으로, 어떤 태도로 책을 읽는가'였다.

'나는 왜 책을 읽는가?'

'나는 책을 통해서 무엇을 변화시키고 싶은가?'

현성은 책을 읽는 '주체로서의 나'를 잊지 않겠다고 결심했다.

2퍼센트의 부족함을 채워라

퇴근길에 오랜만에 미옥에게 전화를 걸었다. 자주 만나지는 못해도 전화로 종종 안부를 묻고 독서 현황에 대해 알려주었다. 이제 현성이 미옥에게 독서 문제로 도움을 요청하는 일은 드물었다. 미옥 또한 현성이 먼저 조언을 구하기 전에는 참견을 하거나 새로운 미션을 주지 않았다. 이제 미옥은 그만큼 현성을 믿는 것 같았다.

"요즘 독서는 잘되어가? 어려움은 없고?"

"네. 그런데 부쩍 독서의 본질에 대해 다시 생각하게 돼요. 100일간 33권을 읽고 나서 2퍼센트 부족한 점을 느꼈을 때랑 비슷한 것도 같고 아닌 것도 같고요. 마음이 좀 묘해요."

"어떤 마음이 드는데?"

"지금은 제가 업무 분야에서 최고가 될 거라는 확신이 분명히 있어요. 겨우 1년에 100권을 목표로 하고 있을 뿐이고 이 책들을 진짜 내 것으로 소화하려면 좀 더 시간이 필요하겠지만, 반드시 전 최고의 전문가가 될 거예요. 그런데 단지 그것으로 끝내고 싶지 않아요. 독서를 통해 진짜 공부를 시작했지만 왠지 이것보다 높은 차원의 다른 공부가 있을 것 같다는 생각도 들고요. 하여튼 목이 말라요. 아직 100권을 다 읽기도 전인데, 이런 얘기 좀 우습죠?"

미옥은 그저 현성의 이야기를 듣기만 했다. 말이 끝난 후에도 잠시 침묵을 지켰다. 평소의 미옥답지 않았다. 침묵이 길어지자 현성은 자신이 뭘 잘못 말한 것인지 긴장하기 시작했다. 그러나 곧 미옥이 평소와 같은 목소리로 물었다.

"굉장한 발전인걸? 오늘 고기 먹었냐?"

현성은 정말로 궁금한 듯 묻는 미옥의 목소리에 웃음을 터뜨렸다. 아이 같은 미옥의 목소리를 듣자 비로소 긴장이 풀렸다.

"이제 때가 되었네."

"무슨 때요?"

"새로운 멘토를 만날 때."

"네? 갑자기 그러시면……아니……저는 그런 이야기를 하려고 했던 게 아니고……누나! 왜 그래요? 고기! 고기 사드릴게요!"

현성의 당황한 목소리에 미옥이 박장대소를 했다.

"뭐래, 나의 독서 스승님을 소개하려고 했더니."

"누나의 독서 스승님이면……."

"지금이 딱이네. 조만간 가봐. 나의 독서 스승님 만나러."

"언제요?"

"네 번째 미션을 수행하고 목표했던 100권을 올해 안에 다 읽고 나면. 일단 100권을 못 읽으면 만날 수도 없어."

"그럼 누나도 100권을 다 읽고 갔어요?"

"아니. 나한텐 365권을 읽고 오라고 하더라고."

"그래서요?"

"500권을 읽고 갔지. 365권이나 500권이나."

"어떻게 그게 같을 수가 있어요!"

"1000권이 아닌 건 마찬가지잖아."

"그건 그렇죠. 아니, 그래도 그건 아니죠! 무려 135권이나 많잖아요. 그런데 저한테도 365권을 읽고 오라고 하면 어떡하죠?"

현성은 표정이 근엄하고, 나이가 지긋하고, 눈초리가 영민한 신선 같은 이미지의 노인을 떠올렸다.

"괜찮아. 넌 내가 보증하니까."

미옥의 칭찬에 현성의 입꼬리가 살짝 위로 올라갔다.

"그런데 아까 말한 마지막 미션은 뭐예요?"

"지금까지의 독서를 바탕으로 배우고 익힌 것을 남에게 가르치는 것. 원래 남을 가르쳐봐야 실력이 늘거든. 사내에 마케팅에 대해 전반적인 공부를 하고 싶어 하는 후배들을 대상으로 스터디 그룹을 조직해봐. 지금까지 전문 분야의 책은 몇 권이나 읽었지?"

"67권이오."

"3분의 2는 됐네. 강의 준비할 수 있지?"

"네. 한번 해볼게요."

어쩐 일인지 대답이 순순히 나왔다. 이번 미션은 어렵지 않을 것 같았다. 전화를 끊기 전에 미옥이 다급하게 현성을 불렀다. 그리고 굉장히 중요한 계약을 체결하듯 한 음절 한 음절 강조하며 말했다.

"너, 약속 꼭 지켜야 한다."

"무슨 약속이오?"

미옥은 엄숙하게 한마디를 하곤 전화를 끊었다.

"고기! 꼭 사야 해."

/ 네 번째 미션 /

가르치며 배워라

마케팅 강의는 오후 7시 30분부터 시작되었다. 현성은 후배들이 자신을 기다리는 회의실로 들어가기 전에 문 앞에서 잠시 생각에 잠겼다.

'지금까지 나는 얼마나 많은 것들로부터 도망쳐왔던가.'

책을 읽기 전에는 어떤 일이든 적극적으로 나서는 법이 없었다. 그러나 책을 읽기 시작하면서부터 스스로 달라지기 시작했다. 도망치기보다 적극적으로 맞서는 법을 배운 것이다. 단지 책을 읽는 것만으로, 저절로 변한 것은 아닐지도 몰랐다. 그러나 현성은 책 속에서 길을 발견했고, 배웠고, 그리고 무엇을 해야 할지를 찾았다.

오늘은 벌써 열 번째 강의였다. 12주 강의를 목표로 시작한 것이

엊그제 같은데 벌써 막바지를 향해 가고 있었다. 강의 준비를 하면서부터 책을 더 열심히 읽을 수밖에 없었다. 배우려는 사람들의 빛나는 눈빛을 떠올리면 작은 것 하나라도 허투루 지나갈 수가 없었다.

강의 준비에 시간은 많이 걸렸지만 정작 그로 인해 힘을 얻은 사람은 현성 자신이었다. 가르치면서 배우는 것이 정말로 많았던 것이다. 애매하던 개념들도 말을 하다 보면 더욱 정확하게 다듬어지고 명료해졌다. 사람 앞에서 무언가를 가르친다는 것은 늘 끊임없이 긴장되는 일이었지만 그만큼 자신을 발전시키는 일이기도 했다.

심호흡을 하고 문손잡이를 잡은 손에 힘을 주었다. 문득 지난주에 만났던 하영의 손이 기억났다. 강의를 앞두고 뜬금없이 하영의 흰 손을 떠올리는 자신이 조금은 부끄러웠다. 요즘 불쑥 하영이 생각나는 일이 늘었다. 하영 앞에서는 언제나 당당하고 멋진 모습이고 싶었고 실제보다 큰 자신을 보여주고 싶었다. 그러나 아직은 작은 일에 마음을 쓰는 작은 고현성이 있을 뿐이었다.

'집중하자! 지금은 나를 기다리는 후배들이 전부다!'

한 번 더 심호흡을 크게 하고 현성은 힘차게 문을 열고 들어갔다.

* * *

현성이 이끄는 마케팅 스터디는 석 달 만에 사내 최고의 스터디 그룹으로 부상했다. 현성의 정확하고 명쾌한 강의를 동영상으로 찍어 사내 사이트에 올리면 어떻겠냐는 의견이 나올 정도였다.

코피까지 터뜨려가며 밤새 책을 읽은 날도 있었다. 밑줄 치며 공부해도 어려운 책을 붙잡고 주말 내내 씨름한 적도 있었다. 그러나 20권 넘게 읽자 조금씩 공통점이 보이면서 이해가 빨라졌다. 내가 아는 것을 누군가에게 가르치는 일은 즐거운 경험이었다.

마 팀장은 따로 현성을 불러내 올해는 시범 강의를 하고 내년부터 본격적으로 동영상 강의를 해보는 것이 어떻겠냐는 사장님의 제안을 전했다.

"사장님께서요?"

"아마 소문을 들으신 모양이야. 기획팀 이필립 대리도 참가하고 있다며?"

필립이 자신의 강의를 들으러 온 것은 의외였다. 언제나 필립이 자신보다 몇 발 앞서가고 있다는 생각에 열등감에 시달리지 않았던가. 그러나 필립은 누구보다 열심히 책을 읽어왔고, 현성의 강의를 주의 깊게 경청했으며, 폭넓은 질문을 해왔다. 그런 필립을 보면서 현성 또한 느낀 바가 많았다. 자신이 필립을 멀리했던 것은 그가 경박하고 오버하는 인간이었기 때문이 아니었다. 단순히 자신의 질투심 때문이었던 것이다.

같은 마케팅팀의 난희도 현성의 강의를 들었다. 난희는 강의를

들은 다음엔 반드시 피드백을 주었다. 난희의 구체적이고 예리한 피드백은 현성의 강의를 시간이 지날수록 빛나게 해주었다.

현성은 뭔가를 열심히 하면 그전과는 완전히 다른 자신이 될 수도 있음을 실감하고 있었다. 시작은 독서였다. 그러나 가장 중요한 것은 독서를 하는 자기 자신이었다.

새로운 시작

하영을 만나고 돌아가는 길, 현성은 일부러 마을버스를 타지 않고 집까지 걸어갔다. 하영의 회사에 감원설이 돌고 있다고 했다.

"회사가 그렇게 어려워요?"

"개인도 회사도 언제나 긴장의 S라인을 유지하는 거죠. 다이어트는 개인의 문제가 아니라 사회적, 정치적, 조직적 문제니까요."

농담처럼 가볍게 말했지만 결코 가볍게 들리지만은 않았다.

"언제 잘려도 이상할 게 없으니까 모두 필사적이에요. 팽팽한 긴장감이 좋을 때도 있는데 요즘엔 다들 신경이 날카로워져 있어요. 아이디어 회의 때는 티 나지 않게 베끼는 일도 있고요. 실력이 있으면 무지하게 관대하지만 실력이 없으면 가차 없이 내몰리거든요."

"하영 씨는 괜찮아요?"

"그럼요. 전문 분야 독서 중이잖아요. 이 분야에서 넘버 5 안에 들 거예요. 2년 안엔 최고가 될 거고요."

하영은 눈을 빛냈다. 그러나 현성의 눈에는 달콤한 크림을 잔뜩 올린 커피 잔을 쥐고 있는 하영의 손만 보였다. 하영 또한 지금껏 자신의 마음속에서 많은 것들과 싸워왔을 터였다. 외모 지상주의를 비난하면서도 자신 또한 거기에서 자유로울 수 없었던 마음을, 마른 것이 결코 지상 최대의 미덕이 아닌 것을 알면서도 기꺼이 마른 몸을 선택했던 마음을, 눈물겨운 다이어트의 기억 때문에 먹을 것에 주의를 기울이면서도 달콤한 것에 손이 가고야 마는 하영의 마음을 현성은 자신이 조금이나마 보듬어주고 싶다고 생각했다. 하영을 생각하면 왼쪽 가슴 언저리가 간질간질했다.

하영을 생각하며 반달눈이 되어 있는데 휴대전화가 울렸다. 어머니였다.

"현성아, 현성아……."

어머니는 차마 말을 잇지 못하고 목멘 듯이 아들의 이름만 불렀다.

"엄마. 왜 그래요? 무슨 일이에요?"

"아이고, 세상에, 현성아……빨리, 빨리 집으로……."

가슴이 덜컥 내려앉았다. 저절로 목소리가 커졌다.

"무슨 일인데요? 옆에 현지 있죠?"

"오빠……."

"빚쟁이들이 너랑 엄마를 괴롭히니? 오빠 금방 도착해. 걱정하지 말고……."

"오빠! 오빠……!"

현지의 목소리에 물기가 묻어 있었다. 울고 있는 게 틀림없었다.

"괜찮아, 현지야. 오빠 금방 가. 이놈의 빚쟁이들……!"

"아빠가……아빠가 왔어."

순간 세상이 멈춘 듯했다. 현지가 무슨 말을 더 했지만 심장 소리가 너무 커서 아무 소리도 들리지 않았다. 그저 금방 간다는 말만 몇 번이고 반복했을 뿐이었다. 현성은 전속력으로 집을 향해 달렸다.

고수의
독서 코칭
2

: 슬럼프를 만나 당황하고 있다면 :

독서가 정상 궤도에 올라 순풍에 돛 단 듯 순탄하게 느껴질 때 갑작스러운 슬럼프가 오기도 한다. 더 큰 성공을 위한 '성장통'이라고 생각하고 현명하게 대처하자.

1. 힘이 되는 사람을 만난다

독서 멘토가 있다면 슬럼프가 깊어지기 전에 빨리 만나서 상담을 받자. 그도 분명히 슬럼프를 지나왔을 것이다. 슬럼프를 겪어본 사람은 극복하는 방법도 아는 법이다. 만약 독서 멘토를 따로 두고 있지 않다면 지인 중에 언제나 당신을 지지하고 힘이 되어주는 사람을 만나 진지하게 대화를 나누는 것도 좋은 방법이다. 단, 평소 독서를 중요하지 않게 생각하거나 호시탐탐 당신의 독서를 방해했던 사람은 아무리 힘들어도 절대로 만나지 않는 게 좋다.

2. 이제 막 독서를 시작한 사람을 돕는다

주변에 이제 막 독서를 시작한 사람이 있다면 자신의 노하우를 기꺼이 알려준다. 그를 통해 예전의 내 모습을 떠올리게 되면서 초심을 찾을 뿐만 아니라 그를 도와주는 과정에서 오히려 새로운 것을 배우는 경우도 많다. 책을 읽는 사람이 가까이에 많으면 많을수록 좋다. 그들은 라이벌이 아니라 동지이기 때문이다. 독서의 세계에는 오직 동지만이 있을 뿐이다. 좀 더 많은 것을 공유하고, 배움을 나누고, 경험을 넓히도록 하자. 만약 아무도 없다면 책에 관심 없는 사람에게 독서를 권해보자. 왜 독서가 필요한지 역설하는 동안 독서의 힘을 되찾게 될 것이다.

3. 시련을 극복한 사람들의 책을 읽는다

아무리 좋은 지인이라도 아예 사람을 만나고 싶지 않은 상태라면 책을 통해 용기를 얻자. 늘 읽던 책보다 큰 시련을 극복하고 자신의 꿈을 이룬 사람들의 이야기를 선택하도록 한다. 세상에는 나보다 힘든 상황을 이겨낸 사람이 반드시 있다. 우리가 위인이라 부르는 사람들이 겪은 일은 상상을 초월하는 경우가 많다. 위인이 되기 위해 책을 읽는 것은 아니지만 그들도 처음부터 위인이었던 것은 아니다. 우리가 잘 아는 이순신이나 헬렌 켈러만 하더라도 시작은 당신보다 미미하지 않았던가.

4. 동기부여가 되는 글귀를 집 안 여기저기에 붙여둔다

어떤 글을 자주 읽느냐는 굉장히 중요한 문제다. 아이들이 부모에게 자주 들은 말이 성격 형성에 커다란 영향을 미치는 것과 비슷하다. 용기를 주는 긍정적인 말, 내 꿈을 확고하게 믿고 추진하게 해주는 말, 가라앉은 마음을 일으켜 세워 다시 깃발을 들고 전진하게 하는 말들을 메모지에 써서 잘 보이는 곳에 붙여두자. 이를 닦을 때마다, 냉장고 문을 열 때마다, 현관문 앞에 설 때마다 힘차게 소리 내어 몇 번이고 읽어보자. 소리 내어 읽을수록 뇌에 깊이 각인되어 마음의 변화를 불러일으킬 것이다.

5. 역할 모델이 되는 사람의 사진을 매일 본다

지금 누군가를 목표로 하고 있는가? 최고 경영자인가? 세계적으로 성공한 작가인가? 이름만 들어도 알 수 있는 명품 디자이너인가? 전 세계 젊은이들을 열광시키는 K-팝 스타인가? 내가 목표로 하고 있는 분야의 최고 정점에 서 있는 사람의 사진을 구해 지갑에도 넣어두고 방에도 붙여두며 매일 바라본다. 이 사람이라면 지금 이 순간 어떻게 했을까? 이 사람이라면 이런 슬럼프를 어떻게 극복했을까? 이 사람이 눈앞에 있다면 어떤 말을 할까? 당신이 그 사람이 되었다고 상상해보고 마음속으로 생생하게 그려본다. 어떤 기분이 드는가? 어떤 생각을 하게 되는가? 슬럼프를 극복한 그 사람은 최고가 되었다. 당신도 그럴 수 있다.

6. 마음에 드는 저자에게 메일을 보낸다

감명 깊게 읽은 책이 있다면 그 책의 저자에게 메일을 보내본다. 단순히 책을 읽은 소감도 좋고 잘 이해되지 않는 의문점을 물어봐도 좋다. 또는 책을 읽는 동안 반대 의견이 생겼다면 정확한 근거를 대고 정중한 반론을 보내는 것도 괜찮다. 저자에게 메일을 보내기 위해 그 책을 다시 읽거나 주제를 한 번 더 생각해보거나 깊이 있게 고민하는 시간에 의미가 있는 것이다. 그 과정에서 자신이 읽은 것을 객관화하는 안목을 기르게 되고 더 깊은 독서의 매력을 느낄 수 있다.

저자 강연회에 가서 심도 있는 질문을 하거나 독서 카페 또는 인터넷 서점에 서평을 올리는 방법도 추천한다.

··· 3부 ···

자신만의 전설을 써내려가다

100권 졸업 파티

전문 분야의 책을 100권 읽고 나서도 현성은 몇 달간 책을 읽는 나날을 보내고 있었다. 처음엔 마케팅 관련 서적을 읽었지만 점차 범위가 넓어지기 시작했다. 패션의 역사, 색채학, 수의 신비, 인간관계론에 이르기까지 현성의 독서는 그물망처럼 촘촘하면서도 넓게 퍼져나갔다.

좁은 안목으로 자기 분야만 읽지 않고 연관 분야까지 아울러 독서를 하게 된 것은 현성의 뇌를 변화시킬 만큼 폭발적인 경험이었다. 완전히 다른 분야의 책을 읽다가 오래 고민하던 문제의 해답을 찾는 경우도 있었다. 색채 마케팅이라든가 숫자 마케팅의 중요성도 알게 되었다. 마케팅은 단지 물건을 파는 것이 아니었다. 사람들의 잠재의식에 깊이 뿌리를 내리는 작업이었다. 내년엔 심리학에 대한 책을 전문적으로 읽어야겠다는 생각을 하게 되었다.

그러나 책을 읽더라도 자신의 분야에 접목하는 것을 잊지 않았다. 다음 단계에서 무엇이 필요한지 생각한 후 항상 독서 목표를 세우고 책을 읽었다. 무작정 뻗어나가는 독서보다 폭넓게 읽되, 중심을 잡아가는 것이 중요했다.

연말 파티에서 미옥은 이제 자신의 일은 모두 끝났다며 자신의 독서 스승을 만나보라고 했다. 현성은 미옥과 헤어지는 것이 아쉬웠다.

"헤어지는 거 아닌데. 계속 만날 거잖아."

"그래도 너무 허전해요. 누나한테 도움만 받았는데 아직 하나도 못 갚았잖아요."

"하하하. 그러니까 그건 다른 사람한테 갚으라고 했잖아. 그리고 이제 옹달샘에서 솟구쳤으니 힘차게 흘러야지. 작은 강에 안주하지 말고 더 큰 바다로 나가."

미옥은 현성의 등을 툭툭 쳤다. 바람이 등을 밀어주듯, 부드러우면서도 힘 있는 손이었다.

칼 비테에게 배우다

현성은 미옥이 그려준 약도를 보며 초등학교 담장을 따라 걸었다. 새로운 독서 멘토를 만나러 가는 길이었다. 졸업한 학교가 아니더라도 초등학교 교정은 늘 정겨운 향수를 불러일으켰다. 아이들이 있는 곳이어서인지 아기자기한 정감이 넘쳤다. 현성은 추억에 잠겨 어린 시절을 떠올렸다. 저절로 얼굴에 미소가 피어났다. 까마득한 몇십 년 전의 일이었지만 추억은 오롯이 남아 있었다.

학교 안으로 들어서자 아이들의 웃음소리가 터졌다. 사소한 일에도 진심으로 기뻐하며 운동장에서 놀고 있는 아이들은 어느 한곳에 가만히 있질 못했다. 가만히 있는 것이 세상에서 가장 힘든 일이라도 되는 것처럼 한순간도 머물지 않고 바쁘게 움직이고 있었다.

현성은 아이들이 노는 것을 보다가 문득 자신의 독서 여정을 떠올렸다. 처음엔 아무것도 몰라서 좌충우돌했지만 자신도 저 아이들의 움직임처럼 한순간도 멈추지 않고 책을 읽었구나, 하는 생각이 들었다. 중요한 것은 어떤 순간에도 독서를 멈추지 않는 것이었다. 바로 그것이 자신에게 새로운 힘을 부여했던 것이다.

운동장 한쪽 구석의 느티나무 아래에 남자가 서 있었다. 그가 현성을 발견하곤 손을 흔들었다. 현성은 걸음을 재촉해 거의 뛰다시피 그에게 다가갔다.

"작가님! 만나 뵙게 되어 반갑습니다."

현성은 이지후가 악수를 청하며 내민 손을 덥석 잡았다. 처음 미옥에게 앞으로 독서 멘토를 해줄 사람이 이지후 작가라는 말을 듣고는 까무러칠 듯 놀랐었다. 지후는 자신에게 에베레스트처럼 높고 먼 사람이었다. 그의 책은 모두 읽었다. 심지어 절판된 책까지 중고서적을 뒤지고 뒤져 어렵게 찾아내서 말이다.

지금은 이름만 대면 다들 아는 유명 작가지만 지후도 한때는 무명 작가였던 시절이 있었다. 몇 년이 아니라 무려 14년 7개월이나 되는 긴 시간이었다. 초등학교 선생을 할 때는 가난해서 빈민가 생활을 하기도 했지만 지금은 미국, 일본, 중국, 대만 등에 책이 번역 출간되는 베스트셀러 작가였다. 그러나 현성이 지후에게 감격한 부분은 그가 유명하고 성공한 작가라는 사실이 아니었다. 또한 그가 사람들이 상상할 수 없을 정도로 엄청난 독서와 사색을 해왔다는 것도 아니었다.

그의 책을 읽고 그에 대해 알게 되면서 그가 단지 머리로만 책을 읽는 사람이 아니라 뜨거운 가슴으로 행동하는 사람이라는 점에 반했던 것이다. 그는 서울역 쪽방촌에서 시작한 인문교육 봉사활동을 전국 지역아동센터 인문교육 봉사활동으로 성장시켰다. 그 과정에서 자원봉사자만 1000명이 넘게 배출되었다. 팬카페인 폴레폴레에 지역아동센터 인문교육 봉사 시스템을 만들었고, 현재는 자신이 살고 있는 동네의 지역아동센터에서 조용히 인문교육 봉사활동을 하고 있었다.

그의 행동은 우리나라에만 해당되는 것이 아니었다. 그동안 시리아 난민 캠프, 탄자니아, 짐바브웨, 차드, 보츠나와, 인도, 파키스탄, 라오스, 캄보디아, 베트남, 인도네시아 등 해외 빈민촌에 학교와 병원을 30개 넘게 세웠다. 여기에 더해 앞으로 10년 안에 70개의 학교와 병원을 세워 해외 빈민촌에 총 100개의 학교와 병원을 세우는 프로젝트를 진행하고 있었다. 결코 쉬운 일이 아닐 터였다.

"왜 이런 일을 계속하세요?"

"이유는 단순해요. 가난하고 소외된 아이들이 배움을 통해 행복해지길 원하거든요."

지후는 초등학교 교사 시절 만났던 아이들 이야기를 해주었다.

"교사가 되어 처음으로 아이들을 만났을 때 기대가 컸어요. 애들 눈빛이 굉장히 초롱초롱할 줄 알았는데 문을 열고 들어갔더니 어땠는지 아세요? 매일 야근하는 사람의 눈빛이더라고요. 학원을 밤 10시까지 다닌대요. 반 아이들의 90퍼센트 이상이 밤 10시가 넘어 집에 들어가는 거죠."

"세상에! 진짜 야근하는 거랑 다를 게 없네요."

"애들은 일단 놀아야 하잖아요. 막 뛰어다니고. 행복하게 놀아야 하는데 그렇다고 성적이 나빠도 안 되고. 고민이 되었죠. 아이들이 충분히 놀면서도 학습력이 떨어지지 않는 방법이 있을지 모델을 찾기 시작했어요. 그때 도서관에서 교육 관련 책을 찾아 읽다가 만나게 된 사람이 칼 비테였어요."

칼 비테는 200년 전 독일의 목사였다. 앞으로 태어날 자신의 아이를 성공적으로 교육하기 위해 플라톤에서부터 페스탈로치까지 위인들이 집필한 책들과 고대 그리스 로마의 교육에 대한 문헌들을 연구했다. 그런데 그 책들과 문헌들은 하나같이 당시 독일에서 가르치던 교육과는 다른 이야기를 하고 있었다.

"칼 비테는 직감적으로 그들이 옳다는 것을 알았어요. 그래서 자신의 자녀는 다른 교육에 따라 키우기로 결심했죠."

그러나 첫아이는 태어난 지 며칠 만에 장티푸스로 죽고 말았다. 다시 얻은 둘째 아이는 지능이 현저히 낮았다. 아내는 절망했지만 그는 자신의 '다른 교육법'에 대한 확신이 있었다. 생후 15일 된 아이에게 위대한 시인들의 시를 읽어주었고, 2세 때부터는 베르길리우스의 《아이네이스》 같은 고전을 읽어주었다. 그리고 아이가 8세가 되자 그리스 로마 고전을 원전으로 읽게 했다.

매일 독서를 하며 자란 칼 비테의 아들은 더 이상 지능이 낮은 아이가 아니었다. 위대한 천재들의 책을 읽으며 두뇌가 변했던 것이다. 10대 때 기센 대학에서 철학박사 학위를 받은 후 베를린 대학 법학 교수로 임용되는 등 83세로 세상을 떠날 때까지 당대 유럽을 대표하는 천재로 칭송받았다.

"진짜 있었던 일인가요? 믿을 수가 없어요!"

현성은 자신도 이런 교육을 받았더라면 지금과 다른 인생을 살았을까 하는 생각이 들었다. 타고난 지능조차 바꾸다니, 칼 비테의 교육법을 당장이라도 배우고 싶었다.

"칼 비테가 남긴 책이 있나요?"

"물론이죠. 지능이 낮은 아이를 천재로 키운 비결을 책으로 썼죠. 그런데 이 책은 갑자기 세상에서 사라졌어요. 여기엔 여러 가지 설이 있는데 그중 한 가지는 서민들이 천재 교육을 받는 게 싫었던 귀족들이 책을 없앴다는 이야기도 있어요. 그러다 20세기에 하버드 대학 도서관 서고에서 우연히 발견되었죠. 하버드 대학 교수였던 레오 위너는 이 책을 읽고 너무나 감명을 받은 나머지 기자 회견까지 열었어요. 앞으로 태어날 아이들을 천재로 만들겠다면서요."

"위너 교수가 호언장담한 대로 됐나요?"

"네. 칼 비테 교육법으로 키운 그의 아들은 12세에 태프트 칼리지, 14세에는 하버드 대학원에 입학했고 18세에 철학박사 학위를 취득했죠. 이후 하버드 대학과 MIT 대학 교수가 되었는데 인공두뇌학이라는 새로운 학문을 창시했어요. 딸들도 10대 초반에 하버드 대학 부속 래드클리프 칼리지에 입학했죠."

"칼 비테 교육의 핵심은 무엇인가요?"

"매일 책을 읽게 했던 일이에요."

현성의 발걸음이 저절로 멈추고 말았다. 자신이 매일 하던 독서가 새삼 다르게 다가왔다.

"칼 비테가 쓴 책이 우리나라에서도 번역되었나요?"

"네. 여러 종이 출간되어 있어요. 저도 거의 다 읽었고요. 그런데 책들을 읽다 보니 뭔가 이상한 느낌이 들었어요. 알고 보니 위너 교수가 칼 비테의 책을 영어로 번역 출간하면서 독일어 원전에서 상당히 많은 부분을 자의적으로 삭제했더군요. 영어판은 일본어와 중국어로 번역되었는데, 문제는 우리나라에 번역된 책들이 이걸 번역했다는 거예요."

"그럼 시중에 나와 있는 책들은 독일어 원전이 아니라 일본어판과 중국어판이라는 건가요?"

"그렇죠."

"저는 번역서는 그냥 읽으면 되는 줄 알았는데……오히려 신중하게 골라야 했던 거네요. 그런데 위너 교수는 명색이 하버드대 교수이면서 왜 그런 짓을 했을까요?"

"제 추측이긴 하지만 칼 비테 교육법의 핵심을 자기만 알고 싶었던 게 아닐까요?"

"말도 안 돼요! 수많은 독자들은 어쩌라고요! 제대로 된 칼 비테 교육법을 영영 알 수가 없잖아요."

"하하하. 너무 걱정하진 말아요. 다행히 우리나라에 독일어 원전 완역서가 출간되었으니까요."

"정말요? 잠깐 찾아봐도 될까요?"

현성은 지후에게 양해를 구하고 휴대전화를 꺼냈다. '칼 비테 독일어 원전'으로 검색을 해보니 200년 전 칼 비테 생존 당시의 독일 고어를 번역할 수 있는 번역자가 완역한 칼 비테 책이 국내 번역서로 나와 있었다. 이 책은 국내 최초를 넘어 아시아 최초의《칼 비테 교육법》독일어 원전 완역서였다. 검색을 하던 현성의 눈이 휘둥그레졌다. 이 책을 기획한 사람이 다름 아닌 지후였던 것이다. 게다가 지후는《칼 비테 교육법》해설서인《내 아이를 위한 칼 비테 교육법》이라는 책까지 출간했다. 지후가 왜 이렇게까지 칼 비테에게 열정을 쏟는지 궁금해졌다.

"작가님께 칼 비테는 단지 책을 쓴 저자 이외의 의미가 있는 분 같아요."

"맞아요. 저는 정말 사람들에게 칼 비테를 알리고 싶어요."

지후의 목소리는 진심으로 가득 차 있었다. 마치 사랑에 빠진 사람이 누군가에게 자신이 사랑하는 사람에 대해 자꾸 말하고 싶어 하듯 마냥 칼 비테가 좋아서 어쩔 줄 모르는 것 같았다.

"그는 서양 최초로 진정한 의미의 홈스쿨링을 성공시킨 사람이에요. 교육의 성자라 불리는 페스탈로치에게 큰 영향을 미친 사람이자 몬테소리와 프뢰벨 같은 위대한 교육자들의 정신적 스승이기도 했죠."

몬테소리나 프뢰벨은 현성도 들어본 적이 있는 이름이었다. 그들에게 영향을 미친 인물이라니 칼 비테야말로 교육의 거인이라는 생각이 들었다.

"칼 비테야말로 진정한 천재네요."

이 말을 들은 지후가 조용히 미소를 지었다.

"중요한 건 칼 비테가 천재인가 아닌가가 아니라 '칼 비테 교육법이 추구하는 천재'가 어떤 사람인가 하는 것이죠."

"칼 비테 교육법이 추구하는 천재? 그게 누군데요?"

"자신이 가진 것을 힘들고 어렵게 살고 있는 이들에게 조건 없이 나눠줄 수 있는 사람이에요. 나눔을 통해 진정한 행복을 발견할 줄 아는 사람이지요. 저는 교사 시절에 제가 만나는 모든 아이들을 칼 비테 주니어처럼 행복한 천재로 키우고 싶었어요. 지금은 온 세상의 모든 아이를 행복한 천재로 키우고 싶고요."

현성은 이제야 지후가 왜 그렇게까지 인문교육 봉사활동을 하고 학교와 병원이 필요한 나라에 기꺼이 가는지 이해할 수 있을 것 같았다. 그런 의미에선 지후 또한 독서를 통해 자기 삶을 변화시킨 사람이었다. 그것도 아주 크게.

"생각해보니 작가님도 일독을 실천하는 과정에서 칼 비테를 만난 거네요?"

지후가 빙긋 웃었다. 지구라는 작은 별에 살고 있던 현성에게 칼 비테는 드넓은 우주처럼 다가왔다. 동시에 일독의 위대함을 느꼈다. 티끌 모아 태산이라는 말처럼 하루 동안 읽은 책은 양으로 따지면 많은 것은 아닐 터였다. 그러나 그 하루가 쌓이면 두뇌 자체를 변화시킬 만큼 강력한 힘을 발휘했다. 현성은 지후와의 대화에 점점 빠져들었다.

꿈을 현실로 만들어주는 강력한 수단

두 사람은 이야기를 나누며 운동장 주변을 걸었다. 시간이 지날수록 대화는 점점 깊어지고 있었다. 현성은 평소 다른 사람에겐 하지 않을 말을 하며 지후에게 속내를 털어놓았다.

"회사에서 마지막 마케팅 강의를 하는 날이었어요."

현성은 그날을 떠올렸다. 필립의 질문에 대답을 하지 못한 것이 지금까지도 마음에 남아 있었다. 그때는 임기응변으로 큰 창피를 당하지 않았지만 현성은 알고 있었다. 자신의 대답이 충분하지 않았다는 것을. 그리고 그것은 필립도 알고 있을 터였다.

"집에 돌아와 모든 책을 뒤적이며 그가 질문했던 부분에 대해 찾아봤어요. 알고 있다고 생각하고 꼼꼼하게 읽지 않았던 곳에 명쾌한 설명이 나와 있더라고요. 조금은 오만해져 있었는지도 모르겠어요. 아니면 비슷한 내용이라고, 이미 다 알고 있는 내용이라고, 확인하는 것을 귀찮아했는지도 모르죠."

작은 실수는 뼈저린 아픔을 불러왔다. 이 경험은 현성에게 어떻게 하면 좀 더 본질적으로 자신을 변화시킬 수 있을까라는 질문을 던지게 했다. 누구나 실수는 할 수 있었다. 실패도 겪어야 했다. 그러나 그것을 어떻게 받아들일지는 철저하게 본인의 몫이었다. 남 탓을 하거나 환경 탓으로 돌리지 않고 자신에게 부족한 점은 무엇인지, 개선해야 할 점은 무엇인지, 생각하고 실행하는 게 중요했다. 현성은 지금 이 자리에 멈추지 않고 다음 단계의 문을 열고 싶었다. 지후는 그 열쇠를 찾는 방법을 알려줄 것 같았다. 현성은 지후가 어떤 이유로 책을 읽게 되었는지 궁금했다.

"미옥 누나도 굉장하다고 생각했어요. 그런데 누나는 작가님에 비하면 자신은 새 발에 피라고 하더라고요. 왜 책을 읽기 시작하셨어요?"

"원래는 책을 잘 안 읽었어요. '전혀'라고 해도 좋을 만큼요. 어릴 때도 만화책이나 조금 읽을 뿐이었죠."

"그런데 어떻게……?"

"마음의 고통이 심하던 어느 날 도서관에 갔던 게 계기라면 계기랄까요. 압도적으로 많은 책들을 보니까 너무 근사해서 작가가 되어야겠다고 생각했어요. 운명적인 꿈을 꾸게 된 거죠. 그렇다고 대단한 건 아니고요. 사실 책을 읽고 작가가 되고 싶었던 것도 거창한 이유가 있었던 건 아니에요. 현실이 너무 힘들어서 책을 읽었던 거죠. 적어도 책을 읽는 시간만큼은 모든 걸 잊을 수 있었으니까요."

지후가 들려준 독서 스토리는 현성이 예상하던 것과는 전혀 달랐다. 그러나 깜짝 놀랄 정도의 이야기임엔 틀림없었다.

"작가가 되고 싶다는 제 꿈을 주변에선 모두 비웃었어요. 가족도 친구도 아무도 절 지지해주지 않았죠. 오직 책에서만 '넌 할 수 있다'는 말을 해주었어요. 그래서 용기를 낼 수 있었고 희망을 가질 수 있었죠. 그렇게 스무 살 때부터 하루 한 권은 기본이고 어떨 땐 하루 서너 권씩 읽기도 했어요."

"하루에 서너 권을요?"

"처절하게요. 단지 살아남기 위해서였죠."

지후는 가볍게 웃으며 말했다. 하지만 살아남기 위해 책을 읽어야 했던 그 절박함은 과연 어떤 것이었을지 현성으로선 짐작조차 하기 어려웠다.

"정말 '독서'라고 부를 수 있을 정도로 본격적인 독서를 시작한 건 스물여덟 살부터예요. 그때 초등학교 교사 2년 차였는데, 정신을 차려보니 제가 빈민가에 살고 있더라고요. 집에 빚도 있었는데 원금만 4억 원 정도였어요. 그걸 갚지 못해 신용정보회사로 넘어가고 그게 또 다른 데로 넘어가면서 눈덩이처럼 불어났죠. 나중엔 원금과 이자까지 합쳐 20억 원이 넘는 빚이 되었어요."

현성은 지후의 과거가 자신의 현재와 비슷하게 겹치는 부분이 있어서 남의 일 같지 않았다.

"너무 이상했어요. 7년이 넘도록 책을 그렇게 많이 읽었는데, 분명히 책 속에 길이 있다고 했는데, 왜 내가 사회의 패배자가 되어 있는지. 그때까지의 독서법에 철저히 의문을 품고 고민하기 시작했죠. 그리고 힘을 얻기 위한 독서에서 인생을 바꾸기 위한 독서를 하기 시작했어요. 잘 살펴보니까 제가 밥은 하루 세끼를 꼬박꼬박 챙겨 먹으면서도 책은 세 권을 못 읽더라고요. 잠도 하루에 네 시간 이상 자면서 책은 네 권도 못 읽었고요. 책 읽는 시간은 많아야 하루 두세 시간 정도? 이건 아니다 싶었죠. 교사로 계속 일하면서 평일에도 책을 끼고 살았고 공휴일이나 주말엔 하루 10권 정도 읽었어요. 완전히 독서에 미친 사람이었죠."

상상이 되지 않는 이야기였다. 그에 비하면 현성 자신의 독서는 아이들의 장난처럼 여겨져 부끄러운 마음이 들었다.

"그냥 열심히 책을 읽던 상태에서 벗어나 입체적으로 읽고 분석하기 시작했어요. 성공한 사람들 중에는 나보다 나쁜 처지에 놓인 사람들도 분명히 있었는데 그들은 도대체 어떻게 변화를 만들어낸 것일까? 불치병 환자가 치료약을 찾는 간절함으로, 집에 붙은 불을

끄는 다급함으로 매달렸죠. 2~3년 동안 자기계발서만 2000여 권을 읽었어요. 사고방식이 완전히 바뀌는 경험을 하게 되었죠. 그전에는 아무리 책을 많이 읽었어도 마음속에 2퍼센트쯤은 '내가 과연 꿈을 이룰 수 있을까' 하는 의심이 있었어요. 그런데 독서 혁명을 거친 후엔 확고한 믿음이 생기더라고요. 그런 개인적인 경험 때문에 독서를 통한 사고방식의 변화를 중요하게 생각하고 강조하게 되었죠."

머리나 지식이 아닌 생생한 체험을 통해 직접 겪은 진실을 전하는 지후의 목소리에는 사람을 끌어당기는 강한 흡인력이 있었다.

"독서는 저라는 인간과 제 인생을 혁명적으로 바꿔놓았어요. 내 꿈이 있는데 생계 때문에, 부모님의 반대 때문에 어쩔 수 없이 마음에도 없는 길을 가야만 했던 부조리함. 꿈과 현실의 어마어마한 괴리감에 시달리며 하루하루를 견뎌내는 것이 고작이었던 저를, 이제는 꿈을 현실로 만들어내는 사람으로 만들었으니까요. 저는 지금도 확신하고 있어요. 독서는 꿈을 현실로 만들어주는 강력한 수단이라고. 제대로 된 독서를 하는 사람은 누구나 다른 사람의 인생이 아닌 자신의 꿈을 이루며 살 수 있다고요. 누구나 자신만의 전설을 써야 하지 않겠어요?"

'자신의 전설을 써야 한다!'는 지후의 말이 현성의 가슴을 두드렸다. 단지 자신의 업무 분야에서 최고가 되기 위해 책을 읽는 것에

답답함을 느끼던 마음이 순식간에 뻥 뚫리면서 시원해졌다. 현성은 가슴이 벅차서 숨도 제대로 쉬지 못했다. 이제야 자신의 진짜 열망과 만난 기분이었다. 더 큰 사람이 되고 싶었던 것이다.

새로운 과제를 시작으로

지후와 현성은 학교 뒤쪽으로 걸음을 옮기며 운동장을 바라보았다. 공 하나를 두고 이리 뛰고 저리 뛰는 아이들을 바라보고 있노라니 당장에라도 달려가서 "잘한다, 옳지, 옳지!" 하며 응원을 해주고 싶은 마음이 들었다. 걷다 보니 어느새 교정 뒤에 있는 채마밭이었다. 벌써 새싹이 돋으려는지 파릇파릇한 봄의 기운이 돌고 있었다.

"씨앗의 힘은 대단하네요. 이 단단한 땅을 뚫고 나오다니."

현성의 말에 지후가 살짝 웃으며 고개를 저었다.

"씨앗이 저 혼자 힘으로 뚫고 나오는 게 아니에요. 땅 또한 길을 내주는 거죠."

"네?"

"땅의 도움이 없다면 작고 연약한 씨앗은 새싹을 피우지 못할 거예요. 어둡고 축축한 흙속에서 햇빛 한 번 쬐지 못한 채 죽을 수도 있죠. 물론 있는 힘을 다해 온몸을 땅 위로 밀어 올리겠지만 꽝꽝 얼었던 땅이 봄이 되어 자신의 완강한 힘을 풀어주어야 비로소 길을 낼 수가 있지요. 누군가를 가르쳐본 경험이 있다면 알 거예요. 처음엔 가르친다고 생각하지만 곧 배우는 게 더 많다는 걸요. 함께 성장하고 서로 돕는 거죠. 진정한 배움은 바로 그런 관계에서 나온다고 생각해요. 절대 일방적인 것이 아니에요. 우리가 책을 읽는 것도 마찬가지죠."

현성은 그제야 지후의 말뜻을 알 수 있었다. 가르치면서 배우는 것이 무엇인지 자신도 작게나마 경험한 적이 있었다. 그리고 지후의 말 속에는 더 깊은 의미가 있는 듯했다. 이 사람은 자신이 위에서서 일방적으로 가르치는 독서 멘토가 아니라 함께 성장하는 독서를 지향하는 듯했다.

"작은 싹이 자라서 나무가 되죠. 평범하긴 하지만 가만히 생각해보면 놀라운 일이에요. 어떤 거목도 처음엔 하나의 씨앗이었잖아요. 바오바브나무나 겨자나무의 씨앗은 아주 작다고 해요. 그런데 눈여겨보지 않으면 있는지 없는지조차 모를 작은 씨앗에서 나온 싹이 점점 자라 수십 명의 사람에게 그늘을 드리울 만큼 거대한 나무가 되는 거예요. 씨앗이 씨앗의 모습에만 머무른다면 어떤 꽃도 나무도 존재하지 않았겠죠. 처음 자신의 모습에 안주하지 않고 어떤 식으로든 변하기 위해 노력해야 비로소 자신이 바라는 성공으로 갈 수 있지 않을까요?"

지후의 이야기를 들으며 현성은 사람의 성장도 비슷하다는 생각을 했다. 마음속으로 수천 번도 더 내뱉었던 '변화'해야 한다는 말이 새롭게 다가왔다.

"어떻게 하면 지금과는 다른 존재가 될 수 있을까요? 책을 1000권쯤 읽으면 알게 될까요? 단지 변화를 바라는 것만으로 저절로 변하지 않는다는 것은 알아요. 그렇다면 구체적으로 무엇을 지향하고 무엇을 해야 할까요? 아까 땅이 도와줘야 새싹이 자란다는 말씀을 하셨죠? 새싹이 큰 나무로 자라기 위해선 반드시 도움이 필요하다는 뜻이잖아요. 그렇다면 저는 지금 어떤 도움을 받아야 할까요?"

"도움이 필요하세요?"

"네."

"왜요?"

"큰 나무로 자라고 싶거든요."

초등학생처럼 결의에 찬 목소리로 대답하는 현성에게 지후가 하하하 웃음을 터뜨렸다.

"죄송해요. 미옥 씨가 말하던 대로라는 생각이 들어서요."

"누나가요? 저에 대해 뭐라고 했는데요?"

"굉장히 순수하다고요. 그리고 정말로 변화와 성장을 원한다고요."

"그렇게 착한 사람은 아니에요. 변화와 성장을 갈망하는 건 맞지만."

"착하다고는 안 했어요. 순수하다고 했지."

지후가 놀리듯 말했다.

"제가 어떻게 하면 될까요?"

현성은 진지하게 물었다. 지후와 대화하면서 이 사람이라면 자신에게 새로운 길을 보여줄 것이라는 확신이 들었다. 미옥의 독서 스승이어서만은 아니었다. 지후는 온화한 외모 뒤에 강한 확신을 품고 있었다. 스스로 변화의 길을 걸은 사람만이 뿜어내는 빛을 지니고 있었다.

"전 보기보다 엄격한 선생인데 괜찮겠어요?"

현성은 무엇이든 하겠다는 결의로 고개를 힘차게 끄덕였다.

"진짜 따라 하기 힘들 텐데 그래도 해보겠어요?"

현성은 더 크게 고개를 끄덕였다. 100일 동안 33권의 책을 읽었고, 1년 동안 전문 서적 100권을 읽었다. 마케팅의 마 자도 제대로 모르던 자신이 회사에서 스터디 그룹을 조직해 강연도 했다. 도저히 할 수 없을 것이라고 생각한 일을 몇 번이나 해온 힘은 현성의 안에 단단한 씨앗으로 자리 잡고 있었다. 그것은 누구도 빼앗아가지 못할 소중한 자산이었다.

'아! 그렇구나!'

그제야 현성은 지금까지 자신의 독서 경험이 단순한 경험으로 끝난 것이 아니라 쌓이고 쌓여 힘이 되었다는 것을 깨달았다. 책 한 권을 읽은 것은 단지 책 한 권을 읽었다는 사실로 끝난 것이 아니었다.

아무리 힘들어도 아침마다 밤마다 '나는 오늘도 책을 읽는다'는 말을 세 번씩 외치고 책을 읽었다. 집에서도 전철에서도 회사에서도 늘 책을 읽었다. 때로는 눈물겹게 때로는 즐겁게 독서를 해온 노력은 생각보다 더 큰 효과가 있었다. 지식이 풍부해진 것은 수많은 결과물 중 하나에 불과했다. 독서는 더 큰일을 할 수 있다는 자신감의 바탕이 되었던 것이다.

"네. 이미 각오가 되어 있어요."

지후가 빙긋 웃었다.

"좋아요. 본인의 각오와 결의가 가장 중요한데 현성 씨는 이미 준비가 되어 있는 것 같네요. 간단하게 말하죠. 100일 동안 성공한 경영인을 10명 만나서 심층 인터뷰를 해보세요."

"성공한 경영인이오?"

"현실적으로 개인이 대기업 CEO를 만나기는 어려울 테니 중소기업 경영인을 만나보세요. 기왕이면 책을 한 권 이상 낸 사람이 좋아요. 그분의 책을 꼼꼼하게 읽고 자신의 소감과 함께 궁금한 점을 메일로 보내면서 기회가 된다면 꼭 한번 만나고 싶다는 간절한 마음을 전해보세요. 주변의 소개를 받아 만나도 좋고요. 자신이 할 수 있는 모든 방법을 동원해보세요."

"아무리 중소기업이라고 해도 최고 경영자면 눈코 뜰 새 없이 바쁠 텐데 과연 저 같은 사람을 만나줄까요?"

"그거야 하기 나름이죠. 그래서 어렵다고 했잖아요. 그럼 어떻게 하실래요? 그냥 포기하고 못 한다고 두 손 드실래요?"

"아니요."

현성은 자신도 모르게 큰 소리로 대답하고 말았다. 포기하고 싶지 않았다. 몇 번이나 독서를 포기하고 싶었던 때도 포기는 배추를 셀 때나 하는 말이라고 생각하며 참고 견디지 않았던가.

"사실 오늘 찾아뵙기 전에 어떤 이야기를 해주실지 생각해봤는데……여러 가지로 의외네요."

"어떤 점이오?"

"책을 더 많이 읽으라고 하거나, 지금보다 더 어려운 책을 읽으라고 하겠지, 이렇게 생각했거든요."

"하하하. 독서의 강도는 물론 지금보다 세질 거예요. 훨씬 더 어려운 의미의 독서를 해야 하거든요."

현성은 햇빛에 반짝이는 지후의 모습을 바라보며 더 어려운 의미의 독서라는 것이 과연 무엇일까 생각했다.

/ 다섯 번째 미션 /

100일 동안 CEO 10명 만나기

지후를 만나고 돌아온 지 일주일이 지났지만 현성은 어떤 경영인도 만나지 못하고 있었다. 어디에서부터 어떻게 시작해야 할지 막막했다. 생각할수록 알지도 못하는 일개 대리에 불과한 자신을 만나줄 CEO가 어디 있을까 싶었다. 지금까지 받았던 미션 중에 가장 어려운 과제였다.

현성은 최근 '언젠가 독립해서 나만의 사업을 하고 싶다'는 소망을 품기 시작했다. 예전에는 단지 자신의 분야에서 최고가 되는 것만을 생각했는데 지후를 만난 후부터 마음속에서 더 큰 꿈이 꿈틀거리게 되었다. 남 밑에서 시키는 대로 일하는 것이 아니라 자신의 꿈을 위해 살고 싶다는 야망이 생기기 시작했다. 그래서 지후가 내

준 미션을 어떻게 수행할지 머리를 쥐어짜서라도 생각할 수밖에 없었다.

'100일 동안 10명의 CEO 인터뷰!'

그러나 지금 이 상태라면 10명은커녕 한 명이라도 만날 수 있을지 의문이었다. 지푸라기라도 잡는 심정으로 명훈에게 전화를 걸었다.

"책을 낸 CEO 중에 연락 닿는 사람 없냐?"

"있지."

"진짜? 와, 살았다!!! 나 좀 소개해줘."

"저자의 개인 연락처를 함부로 돌리다니 안 될 말이지."

명훈은 단칼에 거절했다.

"제발 부탁 좀 하자. 너한테 피해 안 가게 잘할 테니까."

"그런 문제가 아니라는 건 너도 알잖아."

현성은 지후에게 미션을 받은 이야기부터 했지만 "너의 사정과 심정은 충분히 이해하지만 저자들의 연락처는 줄 수 없다"는 대답만 들었다. 대신 한 가지 힌트를 얻었다.

"너 아직 페이스북 하냐?"

"최근엔 거의 안 했는데."

"페친 중에 생각나는 사람 없어?"

"페친 중에……? 아!!! 있다, 있어. 고맙다."

서둘러 휴대전화를 끊고 페이스북으로 들어갔다. 인터넷 기사나 인물 검색을 하다가 좋은 글을 쓴 사람을 만나면 그와 페친을 맺어 두고 부지런히 '좋아요'를 누른 게 이렇게 요긴하게 쓰일 줄은 몰랐다. CEO이면서 책을 낸 사람들은 의외로 많았다. 후보를 탐색한 끝에 다섯 명 정도를 찾을 수 있었다. 이메일 주소도 어렵지 않게 알 수 있었다. 그러나 왠지 "이 사람이다!" 하는 느낌이 들지 않았다.

며칠을 고민했지만 별다른 방법을 찾지 못해 다섯 명 모두에게 메일을 보내려고 컴퓨터를 켰다. 신간 소개 코너에 올라온 책이 눈에 띄었다. 기사를 읽다 보니 흥미가 갔다. 말단 직장인으로 시작해 임원 승진까지 했지만 자기 일에 도전하고 싶어서 퇴사 후 벤처 기업을 일군 사람의 책이었다. 시선을 끈 부분은 이 사람이 굉장한 독서광이었다는 대목이었다.

'문준식 대표님! 그래! 이 사람이야!'

다음 날, 퇴근길에 바로 서점에 들러 책을 샀다. 앞표지에 저자의 이메일 주소가 나와 있었다. 마치 자신을 위한 이메일 주소인 것만 같았다. 서점 안에 있는 카페에서 시간 가는 줄도 모르고 책을 읽었다. 읽으면 읽을수록 저자를 꼭 만나고 싶다는 생각이 들었다.

집으로 돌아오는 길에도 현성의 머릿속에는 온통 저자에게 보낼 메일 내용이 가득 찼다. 시작을 어떻게 할지, 자신을 어떻게 소개할지, 이 메일을 왜 보내게 되었는지 등 문장이 떠올랐다가 사라졌다.

집에 오자마자 메일함을 열었다. 이메일 주소를 썼다 지우기를 수없이 반복했다. 많은 말들을 생각한 끝에 현성은 초심으로 돌아왔다. 화려한 미사여구가 필요한 게 아니었다. 지금 가장 중요한 것은 진심이었다.

두근두근, 저자를 만나다

문준식 대표에게 답 메일이 온 것은 메일을 보낸 지 3일이 지나서였다. 문 대표와 연락을 주고받으며 만날 시간과 장소를 정하는 동안 현성은 로또에 당첨된 것보다 더 흥분했다. 답변을 받고자 정성껏 메일을 쓰긴 했어도 처음 문 대표에게 답 메일을 받았을 땐 이게 꿈이 아닌가 싶을 정도로 감격스러웠다.

틈틈이 하고 있던 인터뷰 준비에 박차를 가했다. 시간은 부족했지만 읽어야 하는 자료는 엄청나게 많았다. 그가 쓴 책을 다시 읽는 것은 물론 신문 기사, 강연 등 모든 자료를 구해 꼼꼼하게 읽었다.

그저 이야기를 듣고 오는 것만으로는 배울 수 있는 것을 10분의 1도 배우지 못할 것이라는 생각이 들어서였다. 직접 강의를 하면서 질문을 통해 더 깊은 이야기가 나오는 법이라는 것을 이미 깨달았다. 질문의 수준을 보면 그가 어떤 정도의 지식을 갖고 있고, 어느 정도의 고민을 하고 있는지 알 수 있었다. 게다가 어렵게 잡은 약속이었다. 두 번 다시 만날 기회가 없을 수도 있었다. 두 시간 남짓한 시간 안에 최대한 깊은 이야기를 끌어내야 했다.

약속 장소는 신사동의 한 카페였다. 30분 전에 미리 도착해 다시 한 번 문 대표의 프로필을 정리했다. 대학 졸업 후 국내 굴지의 대기업에 취직해 첫 직장 생활을 시작하자마자 100억 원 규모의 계약을 성사시키고 최단 기간에 최연소 임원이 된 이력이 있었다. 30대 중반에 이미 억대 연봉을 받았지만 그의 행보는 직장인이 되는 것에 멈추지 않았다. 벤처의 거품이 가라앉던 시기에 오히려 온라인 전문 서비스를 하는 사업을 시작했다. 현재 그의 회사는 초기 매출의 일곱 배가 넘는 규모로 성장해 있었다. 스스로 성공을 일궈온 그가 강조하는 것 중의 하나가 바로 '독서 경영'이었다.

시간에 맞춰 문 대표가 왔다. 사진으로만 봤던 문 대표를 현성이 먼저 발견하고 인사를 하자 그는 악수를 하며 다른 한 손으로 현성의 손등을 덮었다. 그의 두 손은 그의 미소만큼이나 따뜻했다. 한 손으로 악수를 하고 곧 손을 놓는 인사법에 익숙했던 현성은 조금 당황했다. 처음 만나는 사람이었는데도 이렇게나 반갑게 받아주는 것이 어색했는지도 몰랐다. 그러나 첫 만남이었는데도 현성은 그에게 호감을 느꼈다. 그가 보여준 환대의 방식만으로도 그가 사람을 재거나 가리지 않고 대한다는 것을 알 수 있었기 때문이었다.

시간은 금방 흘러갔다. 질문을 하다 보니 어느새 한 시간이 훌쩍 지나가 있었다. 현성은 내내 궁금해 하던 독서에 대해 물었다.

"업계 최초로 사내 대학원을 개설해 운영하고 있는 것으로 알고 있습니다. 누구보다 열심히 독서에 힘을 쏟고 계신 이유가 무엇인가요?"

"현실적으로 가장 큰 이유를 꼽자면 산업 현장에서 전문성을 키우기 위해서죠. 한 달에 한 번씩 외부 강사를 초청해 임직원 대상으로 강연도 하고요. 독서 경영은 직원들 간의 소통을 원활하게 할 뿐만 아니라 서로 생각의 차이도 인정하고 무엇보다 허심탄회하게 자신의 꿈을 이야기하는 계기가 되었습니다. 독서는 스스로 깨달을 수 있는 가장 훌륭한 교육이라고 믿고 있어요."

"자신만의 독서법이 있으신가요?"

"물론이죠. 전 목적 있는 독서를 강조해요. 아무리 책을 많이 읽어도 읽는 것만으로 끝난다면 의미가 없죠. 독서를 통해 사고력을 키우고 이를 자신의 삶에 적용해서 변화를 이끌어내야 진짜 독서라고 생각해요. 확실한 독서 마인드를 갖고 공격적으로 임해야 하죠. 제겐 책을 읽을 때 반드시 펴놓는 독서 노트가 있어요. 책의 중요한 부분에 밑줄을 긋고 페이지를 접어두었다가 필요한 부분은 따로 노트에 옮겨 적어요. 기억은 틀릴 수 있지만 메모한 것은 틀림없으니까요. 그리고 A4 한 장에 핵심 키워드를 중심으로 요약한 후 파일에 따로 정리해두죠. '원 북 원 페이지'인 셈이죠. 이렇게 해두면 자신에게 필요한 콘텐츠와 액션 플랜을 뽑아낼 수 있거든요. 철두철미하게 읽고 반드시 인사이트를 찾는 독서, 그걸 저는 '콘텐츠 독서'라고 불러요. 철저한 실용 독서죠."

현성은 '콘텐츠 독서'라는 말을 듣는 순간 귀가 번쩍 뜨이는 것 같았다. 자신이 배울 만한 독서법이라는 생각이 들었기 때문이었다. 문 대표는 계속해서 책 이야기를 이어갔다.

"어려서부터 책을 좋아했지만 그땐 그저 재미로 읽었어요. 직장을 다니면서 어떻게 하면 주체적으로 성공적인 삶을 살 수 있을까 고민하게 되었어요. 그때부터 목적 있는 독서를 시작하게 되었죠. 중요한 책은 30번도 읽고 40번도 읽었어요. 책 내용이 완전히 내 감각이 될 때까지 집요하게 읽는 편이죠."

"직장인 초보 독서자에게 권하고 싶은 책이 있다면요?"

"기업 관련 책이오. 유명한 CEO들의 전기를 비롯해서 기업에서 성공한 사람들의 생생한 경험담을 많이 읽는 게 좋아요. 직장인이라면 기업의 운영 원리와 조직의 메커니즘은 반드시 알아야 해요. CEO들의 사고방식과 의사결정 방식을 배우게 되니까 2~3년만 열심히 읽어도 엄청나게 달라져요. 직업적 프로페셔널을 강화시키는 독서가 중요해요. 목적을 갖고 꾸준히 실천한 독서는 결정적 순간에 반드시 힘을 발휘하거든요."

"독서를 통해 이룬 가장 큰 변화는 무엇인가요?"

"그야말로 제 삶 전체예요. 평범한 직장인이었던 제가 최고 경영자가 되었고, 독자에서 저자가 되었고, 대학에서 강의도 하게 되었으니 독서를 안 했다면 불가능했을 일이 차례로 이뤄진 거예요. 꿈이 현실이 되는 경험을 한 거죠."

꿈이 현실이 되는 경험. 지후도 같은 이야기를 했었다. 현성은 문 대표의 이야기를 들으며 가슴이 점점 뜨거워지는 것을 느꼈다. 문 대표는 운전할 때도 책을 '듣는다'고 했다.

"운전할 땐 주로 동기부여가 되는 저자들의 강연 시디를 들어요. 눈으로 읽는 것만이 독서는 아니니까요. 같은 내용인데도 책에서 놓친 부분들을 들으면서 새롭게 인식할 때도 많아요. 강연회에 찾아가서 직접 듣는 것도 큰 도움이 돼요. 내공이 느껴지니까. 독서는 단순히 책을 읽는 것이 아니라 저자의 사고를 빌려서 그 사람을 대신 살아보는 행위라고 생각해요. 다양한 각도로 생각하면 배울 게 많을 수밖에 없죠. 내 삶을 변화시키겠다는 의지가 큰 사람일수록 고수들의 한마디 한마디가 가슴에 통째로 와 박히는 느낌을 갖지요."

CEO로 큰 성공을 거둔 후에도 그는 하루에 두세 시간 이상은 반드시 독서를 한다고 했다. 자신의 능력에 안주하지 않고 여전히 독서를 통해 자신의 가능성의 영역을 확장하고 있었다.

"왜 독서가 필요하다고 생각하세요?"

"독서의 필요성을 못 느낀다는 건 이 사회에서 벌어지는 생존 게임의 살벌한 규칙을 이해하지 못하고 있다는 뜻이에요. 책을 읽으면 막연히 좋은 게 아니에요. 독서는 생존 자체예요. 생각을 키우고 미래를 준비하는 데 독서는 필수죠."

인터뷰를 마치며 문 대표는 다시 한 번 두 손으로 현성의 손을 마주 잡고 따뜻한 인사를 건넸다.

"세상엔 수많은 성공 비결이 있고 저도 많은 이야기를 했어요. 하지만 사실 제 성공 비결을 딱 하나만 꼽으라면 그건 독서예요. 좋은 책 많이 읽으세요."

자신만의 이야기를 채워가다

인터뷰 정리하랴 회사 일 하랴 새로운 인터뷰 대상에 대해 공부하랴 하루가 48시간이라고 해도 모자랄 정도였다. 그러나 현성은 태어나서 지금처럼 활기에 가득한 하루하루를 보낸 적이 없었다. 업무에도 부쩍 자신감이 붙었다. 지금은 마케팅팀에서 없어서는 안 될 존재가 됐을 뿐 아니라 회사에서도 사장의 독서 경영에 부합하는 인재로 부각되고 있었다.

"요즘 몰래 산삼이라도 먹어? 눈에서 빛이 뿜어져 나오네."

엘리베이터에서 마주친 필립이 웃으며 말을 걸었다. 작년에 현성이 강의했던 마케팅 스터디 그룹에 참가한 후로 필립과는 서로를 이해하는 동료가 되었다. 생각하면 신기한 일이었다. 라이벌로만 생각하고 마음으로 멀리했던 필립을 이제는 누구보다 가깝게 여기고 있었다. 책을 통해 얻은 것 중의 하나는 사람이었다. 그리고 그것은 무엇보다 귀했다.

"그냥 일하는 게 즐거워."

"하하하. 마 팀장님이 들으면 엄청 기뻐하시겠는데."

"말도 마. 요즘 더 엄하게 하신다고."

"원래 일은 엄하게 배우는 게 좋은 거잖아. 좋은 사부 밑에서 좋은 제자가 나오는 것처럼 제대로 된 실력 있는 팀장이라면 키우고 싶은 부하일수록 힘든 일로 단련시키는 법이니까."

"그렇지? 사랑받는 팀원이라고 믿어야지?"

"나도 팀장이 되어서 누구 좀 단련시킬 날이 오면 좋겠다."

"팀장이 아니라 CEO가 되어야지. 그게 우리 월급쟁이들의 꿈 아니겠어?"

"그래, 꿈이라도 크게 꾸자고."

필립과 하이파이브를 하고 사무실에 들어서자마자 현성은 문득 문 대표가 떠올랐다. 그는 분명 누구보다 큰 꿈을 지니고 살았지만 꿈만 꾸고 살아온 공상주의자는 아니었다. 실제로 누구보다 치열하게 현실을 살아온 리얼리스트였을 것이다. 문득 체 게바라의 말이 떠올랐다.

'리얼리스트가 돼라, 그러나 가슴속엔 불가능한 꿈을 지녀라.'

두 번째 인터뷰는 문 대표의 소개로 이루어졌다. 생각하지도 못했던 일이었다. 그 후로도 현성은 인터뷰를 했던 인연으로 연이어 다른 CEO들을 소개받을 수 있었다. 어느 누구를 만나든 인터뷰를 통해 귀한 배움을 얻었다. 그들은 하나같이 책에서 읽은 것 이상으로 강렬한 인상을 주었다. 성공한 CEO들을 만나 인터뷰를 하고 난 후에는 그 내용을 정리해 상대에게는 물론 지후와 하영에게도 보냈다. 하영의 소개로 패션 사업으로 성공한 CEO를 만난 적도 있었다.

하영과 만날수록 둘 사이에는 '유대감'이라고 부를 만한 것이 생겨나고 있었다. 굳이 말을 하지 않아도 현성은 자신의 마음이 자연스럽게 하영에게 전해지는 것을 느꼈다. 그리고 그것은 하영도 마찬가지였다. 두 사람은 꾸미지 않고 있는 그대로 서로의 모습을 바라보았다.

* * *

토요일 오전. 현성은 일찌감치 노트북 앞에 앉았다. 인터뷰를 정리하기 위해서였다. 현성은 마지막 인터뷰를 끝내고 그동안 자신이 인터뷰한 내용을 정리하며 다시 천천히 읽어보았다. 자신의 글을 통해 드러난 그들의 이야기는 어쩐지 실제보다 훨씬 빈약하게 느껴졌다. 표정, 숨소리, 눈빛, 그리고 활활 타오르던 열정까지 온전히 글에 담을 수 있었으면 좋으련만!

아무리 멋진 글을 써도 그들이 살아온 생생한 현실과 치열한 삶에는 미치지 못한다는 생각이 들었다. 성공한 사람들을 인터뷰해서 사실을 바탕으로 쓴 글이었지만 무미건조하게 사실만 나열하고 싶지는 않았다. 그러기엔 너무 안타까웠다. 이유를 알 수 없었지만 무언가 절실한 것을 빠뜨리고 있는 것만 같았다.

독서를 시작하고부터 삶과 배움과 일과 독서는 하나라는 생각이 들었다. 하나의 씨앗이 자라 열매를 맺기까지는 어느 정도의 시간이 필요할 터였다. 어린 나무가 단번에 열매를 맺는 일이 없듯 첫 열매를 맺기 위해선 그만큼의 시간과 노고가 필요했다. 그런데도 자신은 그 모든 과정을 생각하지 않고 오직 열매만 바라보았던 적이 있었다. 실력이 하늘에서 뚝 떨어지기라도 할 것처럼. 또한 많은 경험을 하고 긴 시간을 보냈다고 해서 저절로 실력자가 되는 것도 아니라는 생각이 들었다.

'같은 경험을 어떻게 겪고, 같은 문제를 어떻게 해결하며, 같은 생각을 어떻게 실현할 것인가.'

좀 더 치열하게 부딪쳐야 했다. 안주하거나 기다리기만 해서는 원하는 것을 이룰 수 없었다. 열정은 끈기가 뒷받침될 때에만 의미가 있는 것이었다. 현성이 인터뷰했던 CEO들은 모두 열정이 강한 사람들이었다. 그들의 이야기를 듣는 것만으로도 가슴이 뜨거워졌다.

그러나 열정 또한 독서 습관을 잡을 때처럼 하루아침에 생기는 것은 아닐 터였다. 끈질긴 도전자처럼 시간을 들여 의식적으로 몸에 밸 정도로 노력해야 하는 것이었다. 비전이 아무리 훌륭해도 그것을 뒷받침하는 끈기와 자신에 대한 믿음이 없다면 그것은 한낱 망상으로 끝나고 마는 것이다.

세상엔 성공한 사람의 수만큼이나 많은 삶의 방식이 있었다. 그러나 분야도 다르고 성격도 다르고 일하는 스타일도 다른 그들에게도 공통점이 있었다. 독서를 통해 길을 찾았다는 것이다. 그리고 그들도 한때는 평범한 사람들이었다는 사실이다. 심지어 자신보다 못한 삶을 살았던 사람들도 있었다.

그들과의 인터뷰는 충격이기도 했지만 용기를 주는 시간이기도 했다. 성공은 특별한 사람에게만 주어진 행운 같은 것이 아니라 자신처럼 평범한 사람도 도전해서 성취할 수 있는 것임을 강하게 확신했기 때문이었다. 자신이 원하는 성공을 이뤄낼 수 있다는 희망이 현성의 가슴 깊은 곳에 뜨거운 불씨로 자리 잡아가고 있었다.

현성은 오전 내내 작업하느라 켜두었던 노트북을 끄고 기지개를 켰다. 오늘은 지후와 만나기로 한 날이었다.

1년 365권, 슈퍼 리딩으로

“인터뷰를 하고 나니 어때요?”

“책을 더 치열하게 읽어야겠다는 생각이 들었어요. 제가 만난 분들은 모두 광적일 정도로 책에 미친 사람들이었어요. 실제로 만나 보니 충격이 크더라고요. 제가 읽은 것 정도는 독서라고 말할 수도 없을 만큼.”

지후는 현성의 다음 말을 기다렸다.

“그리고 아무리 열정이 높아도 중간에 포기하면 아무것도 아니라는 것도 배웠어요. 열정보다 중요한 건 끈기였어요.”

말을 하는 동안 잊고 있던 영만 선배가 떠올랐다. 명훈을 통해 간간이 전해들은 바에 따르면 그는 여전히 수렁 같은 생활에서 벗어나지 못하고 있었다. 그가 자신의 성공에 일찍 취해 안주하는 대신 독서광이 되어 끈기를 갖고 자신의 길을 추구했다면 어떻게 되었을까? 어떤 성공을 이뤘을지는 알 수 없지만 적어도 지난번 그 모습은 아니었을 것이다. 현성은 그동안 궁금했던 것을 지후에게 물어보았다.

"사람들이 성공하지 못하는 이유에 대해 어떻게 생각하세요?"

"두 가지 이유가 있다고 생각해요. 첫 번째는 성공한 사람들이 너무 대단해 보이기 때문에 나는 절대 그렇게 될 수 없다는 자신감 부족 때문이고요, 두 번째는 성장 단계에 안주하다가 금방 바닥이 나는 거예요. 중간에 부가 쇼크를 주지 않는다면 10년 이상은 성장하기 어렵죠."

"제게 인터뷰를 하라고 하신 이유가 그것을 깨달으라는 의미였나요?"

"현성 씨 생각엔 제가 왜 굳이 인터뷰를 하라고 한 것 같아요?"

몇 번을 만났어도 지후는 현성에게 말을 놓지 않았다. 지후와 대화를 하다 보면 언제나 존중받고 있다는 느낌이 들었다. 단지 지후가 경어를 썼기 때문만은 아니었다. 지후에게는 자연스럽게 흘러나오는 온화함이 있었다. 그것은 억지로 꾸며낸 것이 아니라 저절로 몸에 밴 좋은 향기와 같았다.

"여러 가지 이유가 있을 것 같아요. 실제로 성공한 경영인을 만나기는 어렵잖아요. 만남 자체를 준비하는 과정에서 쏟아부은 노력과 공부한 것이 독서를 했을 때만큼이나 힘이 되었고요. 또 그들의 이야기를 듣는 것만으로 정신이 번쩍 들 정도로 굉장한 자극을 받기도 했어요."

"그리고요?"

"제 생각에 가장 중요한 이유는 앞으로 책을 더 열심히 읽자는 자각을 하라는 의미였던 것 같아요."

"그럼 본격적인 독서를 시작할 준비가 되어 있다는 뜻인가요?"

"네. 지금까지 제 나름대로 열심히 독서를 했지만 그것만으로는 부족하다는 생각이 들어요. 뭐라고 콕 집어 표현하긴 어려운데…… 통째로, 아니 그러니까 뇌를 바꾸는 독서를 하고 싶어요."

잠시 침묵이 흘렀다. 뇌를 바꾸는 독서라니. 막상 입 밖으로 꺼내고 보니 너무 어마어마한 말을 해버리고 말았다는 생각이 들었다. 하지만 진심이었다. 성공하려면 뼛속까지 성공한 사람의 마인드를 지녀야 했다. 그리고 그것은 자신의 평범한 생각으로는 가질 수 없는 것이었다.

"정말 훌륭해요!"

"네?"

"정확하게 짚었어요. 뇌를 바꾸는 독서를 해야죠."

현성은 얼떨떨한 기분으로 물었다.

"정말 그게 가능한가요?"

"그럼요. 현성 씨가 만났던 CEO들이 모두 금수저로 태어났던가요?"

"아니요. 태어난 환경만 보면 흙수저, 아니 그보다 못한 분들도 있었어요."

그들 중에는 탁월한 재능을 지니고 좋은 집안에서 태어난 사람들도 있었다. 그러나 대다수는 평범했거나 평범하지도 못했다. 심지어 20대에 카드빚에 허덕이다가 장기를 팔 생각까지 했던 사람도 있었다. 그런데 지금은 수백 명의 직원을 거느린 회사의 CEO가 되어 있었다. 도대체 어떻게 그런 일이 가능한지 경악스러울 정도였다.

"이번 인터뷰를 통해 원하는 성공을 만들고 싶다면 우선 자신이 먼저 서야 한다는 것을 알았어요. 주변의 도움도 받아야 하고 행운도 필요하겠지만 내가 준비하지 않으면 평생 기회를 가질 수 없다는 것을 철저하게 깨달았죠."

"성공을 원하는 사람이 가장 먼저 해야 할 일이 뭐라고 생각해요?"

"자신의 사고방식을 바꾸는 거요. 회사에 매인 직장인 마인드가 아니라 경영자 마인드를 지녀야 해요. 진정한 리더의 자질을 키워야 하고요. 그러려면 독서를 통해 자신을 바꿀 수밖에 없어요."

확신을 지니고 말하는 현성을 바라보던 지후가 조용하지만 강한 목소리로 말했다.

"드디어 때가 왔네요. 1년 365권에 도전할 때가요."

"1년 365권이면 하루에 한 권씩……?"

"평균적으로는 그렇죠."

현성은 하루에 두 권도 읽는다는 문 대표를 떠올렸다. 그가 한다면 자신도 할 수 있을 터였다. 아니 해야만 한다면 반드시 해내고 싶었다. 마음속에 떨어진 불씨가 활활 타오르기 시작했다.

"어떤 책을 읽어야 하나요?"

"우선 동서양을 막론하고 우리 시대 성공한 CEO들의 책 100권이죠. 그리고 새뮤얼 스마일스의 《자조론》 같은 정통 자기계발서 100권. 흔하게 볼 수 있고 가볍게 읽을 수 있는 책은 물론 아니에요. 그리고 마지막으로 리더십을 기르는 책 165권이에요. 위대한 인물들의 이야기가 담긴 평전, 자서전이오. 지금까지의 평범한 독서와는 질적으로 다른 슈퍼 리딩이에요. 여기까지 가면 일독을 마무리하게 되는 거죠."

"일독은 1년 365권 읽기, 즉 슈퍼 리딩으로 끝나는 건가요?"

"네. 그리고 이독과 삼독으로 넘어가죠. 일독이 독서의 첫 번째 단계(一讀)이자 매일 읽는 독서(日讀)였다면, 이독은 독서의 두 번째 단계(二讀)이자 이전까지와는 다른 독서(異讀)예요. 두뇌 속에 성공 세포를 심는 성공 독서, 즉 석세스 리딩Success Reading이죠. 삼독은 그레이트 리딩Great Reading으로 인류의 역사를 새롭게 쓴 위대한 천재들의 독서법이에요. 구체적으로 칼 비테 독서법의 핵심인 인문고전 읽기죠. 정말로 차원이 전혀 다른 경험을 하게 될 거예요. 어때요? 말만 들어도 설레죠?"

칼 비테라는 이름을 듣자 가슴이 뛰었다. 얼마 전 지후가 처음으로 칼 비테에 대해 이야기했을 때 세상에 그런 사람이 있었다는 것에 큰 충격을 받았었다. 칼 비테가 커다란 우주라면 자신은 지구, 아니 지구에 있는 산 하나보다 작은 존재였다.

그러나 아무리 높은 산도 정상에 이르는 길은 발걸음 하나에서부터 시작되는 법이었다. 읽어야 할 책이 365권이더라도 한 권씩 읽어나가면 될 일이었다. 아무리 거대하게 보이는 일도 하나씩 해나가면 반드시 끝난다는 것을 이제는 알고 있었다.

부드러운 봄바람이 현성의 머리 위를 스치고 지나갔다. 뇌의 변화를 일으켜 혁명적인 사고 전환을 가져올 1년 365권 독서를 시작할 힘이 몸 깊은 곳에서 뜨겁게 솟구쳤다. 그리고 거기에서 끝내지 않고 기세를 몰아 이독 석세스 리딩과 삼독 그레이트 리딩의 세계로 들어가리라 다짐했다.

어디선가 장미향이 풍겨왔다. 봄바람 속에서 현성은 고개를 높이 들었다. 시선이 닿는 저 멀리 어딘가에 지금까지와는 전혀 다른 독서의 세계로 이어지는 문이 방금 열린 기분이 들었다.

고수의
독서 코칭
3

: CEO 인터뷰를 위한 팁 :

때로는 100권의 책보다 한 사람과의 만남이 더 큰 변화를 불러올 수 있다. 성공한 CEO들을 만나 그들로부터 배우자.

1. 저자인 CEO에게 정중한 메일을 보낸다

처음부터 대기업 CEO를 만나려고 한다면 좌절만 생길 것이다. 책을 한 권 정도 출간한 중소기업 CEO를 만나는 것부터 시작하자. 만나고 싶은 CEO를 정했다면 만남의 목적을 분명히 밝히고 정성껏 자신을 알리는 정중한 메일을 보낸다. 회사 주소를 찾아서 직접 손으로 쓴 편지와 간단한 선물을 보내는 방법도 좋다. 중요한 것은 한번 거절당했다고 포기하지 않는 것! 장사가 잘되는 포장마차나 단골 카페 사장님을 만나보자. 그들도 훌륭한 CEO다!

2. 인터뷰 대상에 대한 자료를 찾아 정리하고 인물을 분석한다

인터뷰 대상이 되는 CEO의 책을 한 번 더 읽고 요점과 느낀 점을 정리한다. 인터넷이나 일간지 등에 소개된 자료도 모아 인물을 분석한다. 자신의 입장에서 함부로 비판하거나 평가하기보다 그 사람에게 배울 점이 무엇인지를 중심으로 자료를 정리한다. 책 속의 인물로 막연하게 생각하기보다 구체적인 삶을 살아온 사람으로 그를 생각하고 상상해보자. '나라면 이 상황에서 어떻게 했을까?'라고 감정이입을 해보면 실제 인터뷰에서 나올 이야기가 더 풍부해질 것이다.

3. 질문 목록은 10개 이상 작성한다

성공한 CEO와의 인터뷰 만남이 정해졌다고 해도 막상 앞에 서면 지나친 긴장 때문에 말문이 막힐 수도 있다. 상황에 따라 적절히 질문을 던지는 유연성이 필요하다. 하지만 전문 인터뷰어가 아닌 이상 어려움이 있을 것이다. 최대한 사전 조사를 많이 하는 것도 중요하지만 인터뷰의 목적은 잊지 말자. 단순히 그의 이야기를 듣는 것이 아니라 적극적으로 '배울 점'을 찾는 것이다. 질문 목록의 예시는 다음과 같다.

1) CEO가 되기까지 인생 역정

2) 경영인으로 성공을 이룰 수 있었던 삶의 터닝 포인트

3) 가장 중요하다고 생각하는 가치나 신념

4) 영향을 받은 사람들과 이유

5) 추천 도서 목록

6) 슬럼프나 실패 극복 방법

7) 신입 사원 때와 CEO가 된 후의 가장 큰 차이점

8) 일정 및 시간 관리 방법

9) CEO가 되기 위해 갖춰야 할 필수 덕목

10) 앞으로의 계획

4. 실전처럼 인터뷰 연습을 한다

세 시간 이상 녹음할 수 있는 기기라면 뭐든지 좋다. 가상의 인터뷰를 상상하며 미리 녹음하는 연습을 해보자. 깨끗하게 녹음이 되는지 확인하기 위해 자신의 목소리로 책을 한 페이지 읽거나 질문을 말해보는 것도 좋다. 녹음기는 기본이고 필기구와 노트도 준비한다. 10명의 CEO를 만나기 위한 인터뷰 노트나 파일을 따로 준비하는 것도 한 가지 방법이다. 도구를 눈앞에 두고 실전처럼 연습을 하는 것만으로도 마음이 든든해질 것이다.

5. 최대한 배우는 자세로 인터뷰에 임한다

인터뷰를 하러 가기 전에 준비물을 점검하고 거울 앞에 서서 헤어스타일과 옷차림을 살펴보자. 첫인상은 중요하다. 그렇지만 인터뷰 중 지나치게 자신을 어필하는 태도는 삼간다. 인터뷰의 목적은 어디까지나 '배움'이지, 내가 누구인지 알리는 것이 아니다. 상대에 대한 존경과 배려는 물론 겸손한 태도를 유지하자. 인터뷰를 끝낸 후에는 그날이 가기 전에 당신을 만나서 많이 배우고 감사했다는 인사를 꼭 전하도록 한다.

6. 인터뷰 내용을 정리하고 자기 생각을 덧붙여 리포트를 쓴다

인터뷰를 성공적으로 마쳤다 하더라도 거기에만 만족한다면 임무를 절반만 완수한 것과 같다. 정말로 중요한 작업은 인터뷰 이후의 '복기'다. 녹음 내용을 일일이 다시 들으며 글로 풀고 자기 생각을 덧붙여 리포트를 쓴다. 인터뷰를 하며 이야기를 듣는 중에는 떠오르지 않았던 생각들과 아이디어가 있다면 옆에 따로 정리한다. 정리한 문서는 감사 인사와 함께 인터뷰 대상이었던 CEO에게 메일로 보낸다. 당신의 진정성과 성실함으로 인해 그는 당신의 중요한 인맥이 될 가능성이 높다.

···부록···

이지성 작가의 독서 Q&A

《독서 천재가 된 홍 대리》의 전면개정판인 《일독》은 어떻게 달라졌나요?

독서의 첫 번째 단계, 즉 독서의 세계로 들어가는 과정을 담았습니다. 독서 초보에서 독서 고수의 단계로 들어가는 문을 여는 지점에서 딱 끝난답니다. 독서 천재의 이야기가 아니지요. 본격적으로 독서 고수의 단계를 밟는 이야기는《이독》에서 이어집니다.

시대가 많이 달라진 만큼 전반적인 분위기도 바뀌었습니다. 기존의 주인공이 독서를 가볍게 이끌어 가는데, 당시에는 그게 맞았던 것 같습니다. 7~8년 전에는 독서를 재미로 한번 해보는 식이었다면 요즘은 진지하게 접근하려는 사람들이 많아졌지요. 그래서 이번 독서 멘토는 강력한 에너지를 가진 사람으로 바꾸게 되었습니다.

첫 번째 멘토가 굉장히 중요하니까요.

내용의 흐름도 조금 달라졌습니다. 기존 책은 이제 막 독서를 시작한 주인공이 바로 1년에 33권을 읽고 100권에 도전하는 등 중간 과정 없이 빠르게 진행되었는데요. 독자들의 피드백을 받아보니 따라가기 버겁다는 의견이 많았습니다. 그래서 하루 한 줄, 한 단락, 한 쪽 읽기로 시작해 일주일에 한 권을 읽는 현실적인 과정, 진짜 초보자를 위한 과정을 만들었습니다.

《독서 천재가 된 홍 대리》는 50만 명이 넘는 독자들의 독서 습관을 잡아준 것으로 유명합니다. 그 비결은 무엇일까요?

《독서 천재가 된 홍 대리》가 나오기 전까지는 사람들이 '책'을 특별한 사람들의 전유물로 여겼습니다. 뭔가 지적인 사람들만 접근할 수 있는 세계가 바로 독서였던 것이지요. 직장인들도 자신을 성장시키기 위해 반드시 해야 하는 것이 독서라는 사실을 몰랐습니다. 특히 자기가 몸담은 분야의 전문가들이 쓴 책을 100권 이상 읽어야 비로소 자신도 전문가의 길로 들어선다는 것에 대해서는 아예 이해가 전무하다시피 했습니다.《독서 천재가 된 홍 대리》는 '책'이라는 말만 들어도 몸서리를 치는 사람들에게 '독서'야말로 세상에서 가장 재미있는 무엇일 수 있다는 사실을 쉽고 재미있게 가르쳐주었던 것 같습니다. 그리고 직장인들에게 자기 전문 분야 독서에 대한 강력한 동기부여를 해주었던 것 같습니다. 이 부분은 책의 스토리텔링을 맡았던 인현진 작가의 공이 컸다고 할 수 있습니다. 참고로 인현진 작가는《일독》의 공저자로 올라가 있는 스토리베리의 대표입니다.

지금 우리나라에 유행하고 있는 '하루 한 권 읽기'나 '1년 100권 읽기', '천 권 읽기' 등은 모두《독서 천재가 된 홍 대리》로부터 강력한 영향을 받은 것으로 알고 있습니다.

《독서 천재가 된 홍 대리》에서 하루에 한 권씩 1년 동안 365권을 읽는다는 개념을 처음으로 전파했습니다. 그 뒤로 우리나라에 독서 운동이 광범위하게 일어났지요. 전국적으로 독서 모임이 무수히 많이 생기기도 했고요. 감사한 사실은 독서 모임을 만들고 독서 운동을 주도한 사람들이 대부분《독서 천재가 된 홍 대리》를 만나기 전에는 1년에 책을 한두 권도 읽지 않던 사람들이었다는 것입니다. 이제는《독서 천재가 된 홍 대리》를 만나고 독서를 시작했던 사람들 중에 적지 않은 수가 독서법 저자와 강사가 되었습니다. 이 또한 참으로 감사한 일이라고 하겠습니다.

'일독', 간결하지만 분명한 느낌이 듭니다. 어떤 의미를 담고 있나요?

주인공이 독서의 첫 번째 단계인, 매일 책을 읽는 것을 습관화하는 내용이기 때문에 제목을 짓는 데 굉장히 고심했습니다. '처음'과 '독서'를 결합해보기도 했는데 결국 '일독'으로 심플하게 정하게 됐지요. 여기에는 두 가지 뜻이 있습니다. 먼저 독서의 첫 번째 단계라는 의미의 일독(一讀)입니다. 처음 시작하는 독서이지요. 그렇다면 '처음 시작하는 독서는 어떤 독서일까?' 하고 생각해보지 않을 수 없겠지요. 독서 습관을 잡는 것이 가장 중요하기 때문에 날 일 자를 써서, 매일 읽는 습관을 들이는 일독(日讀)의 의미도 담고 있습니다.

집필할 당시에 특별히 염두에 둔 독자가 있었나요?

세 부류의 독자를 생각했습니다. 첫 번째는 독서에 거부감을 갖고 있는 사람들입니다. 지금은 독서에 대한 환기가 많이 되었지만, 아직도 왜 책을 읽어야 하는지 모르는 분들이 있잖아요. 어떻게 하면 그들이 독서에 흥미를 갖게 될까, 어떻게 하면 독서로 인생이 바뀐다고 설득할 수 있을까, 그런 고민을 하면서 썼습니다.

두 번째는, 독서를 하고 싶은데 자꾸 실패하는 사람들입니다. 의지는 있지만 책 한 권을 끝내지 못하는 사람들, 책을 사다만 놓고 잘 읽지 않는 사람들이지요. 독서에 부담감을 느끼는 분들도 많잖아요. 그런 분들께 독서를 하는 중간중간 완수해야 할 스테이지를 제공해서 재미있게 독서 습관을 잡도록 했습니다.

세 번째는, 열의를 가지고 한때 굉장히 치열하게 독서를 했는데 어느 순간 포기해버린 분들입니다. 그런 분들로 하여금 '다시, 일독' 해보자는 것이지요. 하루 한 줄로 시작해 일주일에 한 권, 1년에 33권, 100권, 365권으로 이어가면 독서 습관이 잡힙니다. 습관을 잡지 않고 감정적으로 책을 읽게 되면 어느 순간 열정이 식으면서 독서도 멈추게 되지요. 그런 분들이 의외로 많은데, 그런 분들도 다시 독서를 시작하면 좋겠다고 생각했습니다.

작가님은 언제 어떤 일을 계기로 독서를 시작하게 되셨나요?

아시는 분은 아시겠지만, 저도 스무 살 이전까지는 주로 《드래곤볼》 같은 만화책을 읽었습니다. 그러다가 교육대학교에 들어갔습니다. 교사라는 직업이 아무리 훌륭하고 위대해도 나하곤 안 맞을 수 있잖아요. 그제야 그걸 깨닫고, 인생 최초로 '어떻게 살아야 할 것인가'를 고민하기 시작했습니다. 대학에 들어가면 모든 게 해결될 줄 알았는데 그렇지가 않더라고요. 또 그동안 스스로 생각하고 판단해서 길을 걸어온 것이 아니라 부모님, 선생님, 사회가 만들어준 틀을 그대로 밟아왔더라고요. 인생에 대해 아무런 질문을 하지 않았으니 당연히 답도 없었지요. 그런 막막함에서 책을 읽게 됐습니다. 이렇게 살아가도 괜찮은가, 새로운 인생을 살려면 어떻게 해야 되는가, 이런 질문들이 저를 찾아왔는데 놀랍게도 거기에 대한 답이 책에

다 있더라고요. 그렇게 자연스럽게 책을 읽기 시작했습니다.

팟캐스트, 유튜브 등 어디서든 유용한 정보를 접할 수 있는 시대가 되었습니다. 그럼에도 '책'을 읽어야 하는 이유는 무엇일까요?

영상이나 음성으로 된 매체를 접할 때 우리는 생각을 하고 있을까요? 전혀 그렇지 않습니다. 이건 뇌과학적으로도 실험을 통해서 증명된 사실이지요. 교육심리학자, 인지심리학자, 뇌과학자들이 말하기를, 영상 매체를 접할 때 사람의 뇌는 정지하다시피 한다고 합니다. 우리가 글자를 읽을 때는 좌뇌를 쓰게 됩니다. 우뇌에서는 이미지를 만들고요. 좌뇌가 눈으로 읽은 문장을 우뇌로 시각화하면서 창조적 상상력이 계속 발휘되는 것이죠. 그래서 책을 읽고 있는 사람의 뇌를 자기공명장치를 통해서 관찰해보면 활발하게 움직이는 것을 볼 수 있습니다. 반면 동영상은 우뇌가 할 일을 대신하기 때문에 유튜브 같은 매체로 자기계발 콘텐츠를 봐도 변화가 없는 것이고요. 또 팟캐스트는 딴짓하면서도 들을 수 있습니다. 그런데 책은 그렇게 읽을 수가 없지요. 독서가 굉장히 아날로그적이고 피곤하지만, 쉽게 얻는 것은 성장하는 데 별 도움이 안 되잖아요. 검색 한 번에 무수한 정보를 얻어내는 인터넷 세대 중에 성공한 사람들도 결국 책을 이야기하는 이유가 무엇일까요? 이런 환경에서도 책을 읽어야 되는 게 아니라, 이럴수록 책을 읽어야 하는 것입니다.

최근 일과 삶의 균형을 뜻하는 '워크 앤 라이프 밸런스(Work&Life Balance)'가 각광을 받으면서 독서 모임에 대한 관심도 늘고 있는데요. 이러한 변화를 어떻게 보시나요?

평균 수준의 성장을 하는 데에 독서 모임은 도움이 될 것입니다. 하지만 평균 이상의 성장을 원한다면 독서 모임 수준을 뛰어넘어야 한다고 말씀드리고 싶습니다. 다이어트로 예를 들어 보겠습니다. 먹고 싶은 만큼 먹고 남들 다 하는 만큼 적당히 움직이는 것 정도는 누구나 쉽게 할 수 있지요. 하지만 그렇게만 해서는 살이 조금 빠질 수는 있어도 근육이 생기지는 않잖아요. 환상적인 몸을 만들려면 식단도 조절하고 전문가에게 트레이닝도 받아야 하지요. 그런데 사람들은 왜 독서에 대해서는 그런 생각을 하지 않는 걸까요? 사실 독서 모임에 가면 많이 읽어봤자 일주일에 한 권, 비교적 쉬운 책을 읽고 간단히 감상을 나누는 정도잖아요. 그것이 취미의 한 부분으로 삶을 조금 신선하게 만들어주기는 하지만 특별한 삶을 원한다면 다른 독서를 해야 합니다. 즉 독서 모임 수준을 넘어서 독서가 우선인 삶을 살아야 합니다. 예를 들면 하루에 세 시간 이상은 독서하고 두 시간은 실천으로 옮기는 것이지요. 당장은 일과 삶의 균형이 무너진 것처럼 느껴지겠지만, 성장한 만큼 부족한 부분이 채워져서 결국 균형 잡힌 인생을 살게 될 것입니다.

평균 수준 이상의 성장을 원하는 사람들에게 독서 모임은 효과적이지 않다는 뜻인가요?

사교적인 독서 모임에 가면 나와 비슷한 관심사를 가진 사람들을 많이 알게 되기 때문에 책 읽는 것이 즐거워집니다. 그런데 문제는 독서보다 인간관계를 쌓는 것에 매몰될 수 있다는 것입니다. 그러면 더 큰 성장을 하기 어렵지요. 처음에는 독서 모임에 가서 책에 대한 거부감도 없애고, 책 읽는 사람들의 긍정적인 에너지도 느껴보세요. 그러다 더 큰 성장을 원하게 되면 스스로 자신을 뛰어넘는 순간을 만드세요. 홀로 치열하게 독서하는 시간을 만들어보라는 의미입니다. 어떤 사람들은 "유대인들은 토론만 하던데요?"라고 말합니다. 그런데 유대인은 기본적으로 고등학교를 졸업하기 전에 만 권 정도의 책을 읽는다고 합니다. 차원이 다른 것이지요. 우리의 수준이 낮다는 이야기를 하는 것이 아닙니다. 처음 시작하는 사람들은 1년에 365권 정도의 책을 읽었을 때 지적인 체계가 생깁니다. 같은 독서 모임도 깊고 넓은 독서를 통해 지적인 성장을 이룬 사람들과 함께한다면 분명 큰 성장도 가능할 것입니다.

1년에 책을 한 권도 읽지 않던 주인공의 삶이 독서를 통해 완전히 바뀌게 되잖아요. 그 과정에서 희열도 느끼지만 반대로 힘겨워하기도 하고요. 작가님은 처음 독서를 시작했을 때 어떠셨나요?

저의 경우 독서하면서 힘든 적은 없었습니다. 현실이 더 힘겨웠으니까요. 오직 책만이 저를 위로해주고 어떻게 살아야 하는가에 대한 답을 알려주었으니까 오히려 책이 정말 좋았지요. 그래서 하루에 한 권 이상을 읽었더니 대학교를 졸업할 무렵에는 천 권을 넘기게 되었습니다. 그러자 마치 시험을 치는데 답안지를 미리 본 느낌이 들더군요. 인생의 정답을 미리 본 것이지요. 우리는 모두 크든 작든 자신만의 고통을 안고 살아가잖아요. 여러분도 독서라는 즐거움을 통해 힘겨운 시간을 이겨낼 수 있다고 생각합니다.

작가님에게도 독서 멘토가 있었나요?

기본적으로 제 주변에는 책을 읽는 사람이 없었습니다. 제 독서 멘토가 되려면 어쨌든 저보다 책을 많이 읽은 사람이어야 할 텐데, 어딜 가든지 제가 더 많은 책을 읽은 상태였습니다. 멘토를 두고 싶어도 만날 수가 없었지요. 그러다 초등학교 교사 시절에 '그들'을 만났습니다. 그때 학교 도서관에서 살다시피 했는데, 책을 무시무시하게 읽는 아이들이 참 많았습니다. 일 년에 몇백 권씩 읽는 아이도 있었고 초등학교 4, 5학년 무렵에 학교 도서관에 있는 책을 전부 독파한 아이도 있었지요. 그런 아이들을 만나면서 매일 놀랐습니다. 어쩌면 그렇게 책 읽기를 즐거워할 수 있을까 싶었지요. 아이들의 표정은 행복한 듯 빛나 보였습니다. '인간이란 정말 책을 좋아하는 존재구나. 저게 진짜 독서하는 사람의 모습인데' 하는 생각이 들더군요. 아이들처럼 순수하게 책을 읽고 싶다고 느꼈습니다. 그 당시엔 아이들이 제 스승이었습니다. 그들에게 많이 배웠습니다.

독서 멘토는 어떻게 만날 수 있을까요?

책을 계속 읽다 보면 어느 날 문득 의구심이 듭니다. '과연 독서가 인생에 도움이 될까?' 하는 생각에 사로잡히게 되지요. 그래서 나로 하여금 계속해서 책에 관심을 갖도록 하는 사람, 즉 독서 멘토가 필요합니다. 꾸준히 독서를 하다 보면 자연스럽게 그 이상으로 독서를 많이 하는 사람들과 맺어지게 되는데요. 거기서 '추미옥' 같은 멘토를 만날 가능성이 높습니다. 반대로 내가 다른 사람에게 멘토가 될 수도 있고요. 저도 교사 시절에 책을 많이 읽다 보니까 자연스럽게 소문이 나서 독서 고수들이 저를 굉장히 많이 찾아왔습니다. 결국 멘토를 만나는 것은 책의 세계에 얼마만큼 들어가느냐에 달려 있습니다.

처음 독서를 시작할 때 한 권의 책을 반복해서 읽어야 할까요, 여러 권을 읽어야 할까요?

책을 꾸준히 읽다 보면 속독, 정독, 다독이 함께 맞물려 돌아가는 자신만의 방법이 자연스럽게 생기는 것이지 처음부터 한 권을 반복해서 읽는다, 여러 권을 읽는다, 이런 것을 정해둘 필요는 없습니다.

처음 독서를 시작한 주인공이 하루 1줄, 1단락, 1쪽 읽기처럼 분량을 정하거나 시간을 달리하는 등 다양한 시도를 합니다. 나만의 독서법을 찾는 비결이 있을까요?

자신만의 독서법은 분명히 찾아야 합니다. 그게 없으면 결국 껍데기 독서를 한 것밖에 안 되거든요. 우선 간절함이 있어야 합니다. 나 혼자만의 것이 아니라 다른 사람에게 도움을 줄 수 있는 독서법을 꼭 가졌으면 좋겠다는 간절함이지요. 우리가 어떤 것에 대해 거듭 생각하면 그 부분의 신경회로가 굵어집니다. 신경 연결이 강화되는 것인데요. 그러면 자연스럽게 그것에 대해 더 빠르게 생각을 이어갈 수 있게 된답니다.

두 번째는 역시 많은 책을 읽어야 될 텐데요. 그중에서도 독서법에 대한 책을 읽을 필요가 있습니다. 특히 위인들의 독서법이 여태까지 전해 내려오는 데는 다 이유가 있기 때문이겠지요. 나만의 독서법을 만들었다고 생각했지만 알고 봤더니 그 뿌리가 세종대왕이나 정조 또는 처칠이나 링컨과도 연결되는 것이지요. 아니면 그중 여럿에 걸쳐 있기도 하고요. 결국 독서를 통해 인류 역사에 큰일을 하신 분들의 독서법을 꾸준히 연구하다 보면 거기서 힌트가 생겨 내게 맞게 변형할 수도 있고, 그것이 가장 훌륭한 나만의 독서법이 되기도 합니다.

출퇴근하는 지하철에서도 책을 읽은 주인공의 모습이 인상적입니다. 그런데 직접 운전을 하는 경우에는 그 시간을 어떻게 활용하면 좋을까요?

제가 애용한 방법인데요. 내 목소리로 책을 읽고 녹음하는 것입니다. 메타인지라고, 누군가를 가르치려고 무언가를 설명하는 순간에 지식을 가장 많이 흡수하는 사람은 나 자신이거든요. 특히 고전 같은 조금 어려운 책일 때 도움이 됩니다. 사색을 하는 것도 좋습니다. 어제 읽었던 책의 내용을 계속해서 되새기는 것이지요. 《일독》에서도 주인공이 명언집이나 하이쿠를 읽다가 잠깐 멈출 때가 있잖아요. 읽는 데 시간도 얼마 안 걸리니까 차 안에 이런 책을 두고 출발하기 전에 보면 좋겠네요.

독서 노트를 효율적으로 활용하는 노하우를 알려주세요.

간단합니다. 사정없이 쓰면 됩니다. 예쁘게 쓰려고 하지 말고 거칠게 쓰세요. 가슴을 치는 문장을 적고 밑줄을 긋고 내 생각도 써보세요. 노트가 너덜너덜해질 정도로요. 그리고 다시 읽으며 깊이 사색하는 시간을 가지세요. 그다음 단계는 어떻게 실천할 것인가, 즉 깨달음을 얻는 것입니다. 그런데 사실 독서 노트는 책을 읽어야 하는 동기를 만들어가지 못하는 초보 단계에서 스스로 마음을 다잡는 수

단으로 필요한 것입니다. 독서 습관이 잡혔다면 바로 사색하는 단계로 들어가도 좋습니다.

본문 중에 칼 비테 이야기가 매우 인상적이었습니다. 칼 비테가 직접 쓴 《칼 비테 교육법》 독일어 원전 완역서를 국내 최초로 기획, 출간하셨다고 했는데, 이 책을 구하려면 어떻게 해야 할까요?

온라인 서점이나 오프라인 서점에서 구입하면 됩니다. 단 불완전한 번역서를 구할 수도 있으니 번역자와 출판사를 꼭 확인하셔야 합니다. 참고로 《칼 비테 교육법》 독일어 원전 완역서의 번역자는 김일형 선생이고, 출판사는 차이정원입니다.

독서를 통해 삶을 어디까지 변화시켜야 할까요? 책에 '혁명적으로' 바꿔야 한다고 쓰셨는데, 어떤 의미인가요?

'혁명적'으로 삶을 바꿔야 한다는 말은 평범하지 않은 삶을 살아보자는 것입니다. 주도적인 삶을 사는 것, 그로 인해 다른 사람들에게 긍정적인 영향을 미치는 것, 이 정도가 제가 《일독》에서 이야기하고 싶은 삶의 모습입니다. 누군가가 나에게 '인생을 새롭게 살아보고 싶은데 어떻게 하면 되겠냐' 하는 질문을 할 수 있는 삶인 것이죠. 《일독》의 주인공이 사내 독서 모임을 만들어서 회사 분위기를 긍정적으로 바꾸잖아요. 그 정도의 영향력을 미치는 삶, 그 정도만 해도 위대한 혁명이지 않을까요?

마지막으로 독서로 변화된 작가님의 과거와 현재, 그리고 꿈꾸고 계신 앞으로의 삶에 대해 이야기해주세요.

많이들 아시다시피 저는 무명작가 생활 15년에 20억이 넘는 보증빚으로 너무나 고통스러운 인생을 살았습니다. 그래서 길을 잃었다고 느낀 그때 더 빛나는 길이 있다는 확신을 갖게 해준 책을 만난 것에 감사합니다. 그 덕분에 내면의 소리에 집중하는 삶을 살 수 있었던 것 같습니다. 그게 쌓여서 여기까지 오게 되었고요. 첫 단추를 책으로 잘 꿰었다고 생각합니다. 세종대왕은 늘 낮은 곳에서 고통 받는 약자를 돌보는 삶에 대해 이야기했습니다. 그레이트 리딩의 교과서라고 할 수 있는《리딩으로 리드하라》에도 썼지만,《세종실록》을 보면 세종께서 당대 최고의 독서가이자 위대한 지식인들을 가짜 인문학자라며 꾸짖는 장면이 있습니다. 그들이 말로는 백성을 위한다고 하지만 실제로는 필요한 때에 백성을 이용하기만 했거든요. 사람이 사람답게 사는 것에 관심을 쓰지 않은 것이죠. 그런데 세종께서는 노비에게도 출산 휴가를 주었습니다. 그때 깨달았습니다. 사회적으로 영향력을 갖게 되면 이런 일을 해야 하는구나 하고요. 항상 낮은 자리에서 고통 받는 사람들을 위해 무언가를 할 수 있는, 단단한 내면의 힘을 가진 삶을 살고 싶습니다.

일독

초판 1쇄 발행 2018년 2월 20일
초판 10쇄 발행 2023년 6월 9일

지은이 | 이지성, 스토리베리

발행인 | 박재호
주간 | 김선경
편집팀 | 강혜진, 이복규, 허지희
마케팅팀 | 김용범
총무팀 | 김명숙

일러스트 | 이시내
디자인 | 김윤남
교정교열 | 윤정숙
종이 | 세종페이퍼
인쇄·제본 | 한영문화사

발행처 | 차이정원
출판신고 | 제25100-2016-000043호
주소 | 서울시 마포구 양화로 156(동교동) LG팰리스 814호
전화 | 02-334-7932 **팩스** | 02-334-7933
전자우편 | 3347932@gmail.com

ISBN 979-11-88388-22-6 (04320)
979-11-88388-24-0 (set)

이 도서의 국립중앙도서관 출판예정도서목록(CIP)은 서지정보유통지원시스템 홈페이지(http://seoji.nl.go.kr)와 국가자료공동목록시스템(http://www.nl.go.kr/kolisnet)에서 이용하실 수 있습니다. (CIP제어번호: 2018003590)